친구라는
환상

TOMODACHI GENSO—HITO TO HITONO ⟨TSUNAGARI⟩ O KANGAERU

by Hitoshi Kanno

Copyright © Junko Kanno, 2008

All rights reserved.

Original Japanese edition published by Chikumashobo Ltd.

Korean translation copyright © 2026 by O'FAN HOUSE

This Korean edition published by arrangement with Chikumashobo Ltd., Tokyo, through JM
Contents Agency Co.

친구라는 환상

혼자여도
함께여도
자유로워지는
관계 수업

간노 히토시 지음 ― 김경원 옮김

O'FAN HOUSE

차례

3
우리는 왜 친구 때문에 고민하는 걸까?

추천의 말

"모두와 잘 지내야 한다"는 말이 우리 아이들을 아프게 할 수 있습니다.

이 책은 '친구'라는 환상을 깨고, 서로를 타자로 인정하는 느슨한 연결을 제안합니다.

타자와의 관계에서 안전거리를 확보하며 나를 지키는 법을 알려주는 이 책은 교우관계로 숨 가쁜 사춘기 청소년과 자녀의 마음을 이해하고 싶은 부모님들께 명쾌한 해답과 위로를 건넬 것입니다.

• 최태성(역사 커뮤니케이터)

우리는 '친구'에 대해 완전히 잘못 배웠다. 100% 나를 이해해주는 사이좋은 친구는 존재 불가능하다. 그럼에도 불구하고, 그런 친구를 찾아 헤매며 갈등하고 외로워하는 건 친구에 대한 '잘못된 환상' 때문이었다. 혹시, 친한 친구들과의 가벼운 뒷담화가 거대한 부메랑이 되어 나를 공격한 적 있는가? 거절하면 안 될 것 같은 부담스러운 동조 압력을 경험해 보았는가? 그렇다면, 이제 '친구'에 대해 새롭게 배울 때가 되었다.

《친구라는 환상》은 친구에 관한 새로운 통찰을 주어 무척 흥미롭다. 좋아하는 친구들과 상처를 주지도 않고 받지도 않으며 함께 지혜롭게 공존하는 법을 알려준다. 한마디로 친구 고민에 숨통을 틔워주는 책이다. 혹시, 친구 고민이 마음에 가득하다면, 친구 문제로 학교 가기가 싫다고 느껴진다면, 당장 꼭 읽어야 하는 책이다.

• 이임숙(맑은숲아동청소년상담센터 소장, 의사소통 전문가)

청소년 시기 고민 1위는 단연 '친구 관계'입니다. 다른 사람과 이어지고 싶은 나와 상처받기 싫은 나 사이에서 줄다리기하며 관계 맺기를 배워나가는 시기이지요. 모두와 사이좋게 지내지 못하는 현실 앞에 '나만 이상한 건 아닐까?' 자책할 때, 나 자신에게 어떤 말을 건네주면 좋을까요? 이럴 때《친구라는 환상》은 '다들 사이좋게 지낸다는 건 환상이다'라는 말로 단단한 위로와 뚝심을 건넵니다.

우리는 살아가면서 마음이 맞지 않는 사람을 만날 수밖에 없습니다. 오히려 마음이 맞는 친구를 만나는 것은 당연한 일이 아니라 행운이지요. 살면서 우리가 배워나가야 하는 것은 마음이 맞지 않는 사람과도 공존하는 방법입니다. 인간관계가 어려워서 웅크리고 있는 나, 모두와 잘 지내야 한다는 부담에 어깨가 내려앉은 나를 위해 이 책을 펼쳐주세요. 고정관념을 깬 신선한 관계의 지혜를 건네받을 수 있을 것입니다.

• 이현아(교사, 통로이현아)

《친구라는 환상》은 친구 관계에 대해 우리가 오랫동안 믿어온 생각들을 과감하게 뒤집는 책이다. '모두와 사이좋게 지내야 한다'는 말이 왜 아이들을 더 불안하게 만드는지, 그 고정관념이 교실과 일상에서 어떤 압력으로 작동해 왔는지를 짚는다. 이 책은 모두와 잘 지내야 한다는 환상에서 벗어나, 타자와 나 사이에 적당한 안전 거리를 두는 것이 결국 나 자신을 지키는 방법이라고 말한다. 이는 마음이 맞지 않는 상대와도 서로 상처 주지 않으며 평화롭게 공존하기 위해 무엇이 필요한지에 대해 교실 현장에서 오래 해왔던 고민과 맞닿아 있다. 여러 관계 속에서 흔들리는 청소년, 그리고 자녀의 교우 관계를 이해하려는 부모와 교사가 꼭 읽어보길 바란다.

• 장인혜(교사, 이네쌤)

프롤로그

지금,
친구 때문에 아파하고 있다면

일본청소년연구소는 〈고교생의 의욕에 관한 조사〉
를 실시해, 일본, 미국, 중국, 한국의 고등학생들에게
"젊을 때 꼭 해야 할 일은 무엇입니까?" 하고 물었습
니다. 그러자 일본의 고교생들은 "평생 함께할 친구를
사귀고 싶다", 혹은 "많은 사람을 만나 풍부한 인간관
계를 만들고 싶다"고 대답하는 비율이 상대적으로 높

았다고 합니다.

물론 다른 나라의 학생들도 '친구가 소중하다'는 의식은 강했지만, 그 밖에 '훌륭해지고 싶다'든가 '자아 성장에 힘쓰고 싶다' 등 미래를 향한 적극적인 태도를 강하게 드러냈습니다. 하지만 유독 일본 학생들은 '훌륭해지고 싶다는 생각은 들지 않는다', '그럭저럭 생활할 수 있다면 좋겠다' 같은 의견이 많아 장래에 대한 낮은 열의와 '친구가 최고'라는 경향이 다른 세 나라에 비해 두드러져 눈에 띄었습니다.

그렇지만 현실적으로는 친구와 관련해 고민이나 문제가 있는 사람이 많은 듯합니다. 집단 따돌림이나 은둔형 외톨이가 사회문제로 주목을 받은 지 꽤 시간이 흘렀습니다. 달리 말하자면, 일본의 청소년들은 인간관계를 매우 중시하면서도 그것을 어떻게 맺어나가면 좋을지 몰라 고민할 뿐만 아니라 인간관계에 대해 자신감을 잃어버린 것 같습니다.

친구는 적지 않은데 어쩐지 마음 한구석이 비어 있는 것 같은 사람, 최근 친구와 잘 지내지 못해 지쳐 있는 사람, 새 친구를 사귀고 싶지만 왠지 두려운 사람, 이성 친구는 있지만 사이좋게 지내지 못하는 사람, 부모와의 사이가 원만하지 못한 사람, 소중한 동료인데도 가치관이 맞지 않아 고민하는 사람….

친구 또는 친한 사람을 소중하게 여긴다는 조사 결과와는 반대로, 최근 이런 근심을 품은 사람이 늘고 있습니다.

친밀한 관계를 소중하게 여기는 까닭에 머리가 아파질 만큼 마음을 쓰는데도, 어째서 관계가 제대로 풀리지 않는 것일까요?

친구가 소중하면서도 친구 관계 때문에 마음이 짓눌리는 모순에 빠진 적이 없나요?

이런 문제를 풀어나가기 위해서는 이제까지 당연하다고 여기던 '인간관계'의 상식을 근본적으로 다시 생각해 볼 필요가 있습니다.

이것이 이 책에 '친구라는 환상'이라는 제목을 붙인 이유입니다.

의식하지 못하는 사이에 우리는 인간관계의 다양한 환상에 사로잡혀 있는 것은 아닐까요? 잘못된 믿음에 고착되어 있는 탓에 예상하지 못한 방향으로 지나치게 주의를 기울이다가 상처를 입거나 어찌할 바 모르고 망연자실하는 것은 아닐까요?

그러므로 이제까지 무조건 긍정적인 방향으로, 무조건 좋은 것이라고 생각해 온 '가까운 사람과의 관계'나 '친근함'에 대해 새롭게 분석하고 고찰해 보아야 합니다.

이 책은 친한 사람과의 관계를 다시 바라보고 현대 사회가 요구하는 '친밀함'이란 어떤 것인지를 다시 파악하기 위한 '조감도'를 그려보고자 합니다.

우리가 아주 중요하다고 생각하는 문제에 부딪혔

을 때 유용한 조감도는 어떤 것일까요? 일단 중요한 문제를 '제대로 분석해 생각하기' 위한 힌트를 제공해 주어야 합니다. 중요한 주제를 생각하기 위해, 이 책의 주제에 따라 말하자면 '친구'나 '친밀함'이라는 주제와 정식으로 대면하기 위해 사고방식의 방향성이나 핵심어로 구성된 조감도를 제시하고자 합니다. 사고방식의 방향성이나 핵심어만 이해한 다음에는, 독자 여러분의 체험에 비추어 구체적으로 생각해 나가면 됩니다. 이제부터 제시하는 조감도를 참고하여 여러분 나름대로 '친구'나 '친밀함'에 대해 사고를 심화해 보세요. 그렇게 하면 머릿속에 뒤죽박죽 엉켜 있던 것이 스르륵 풀리는 게 느껴질 것입니다.

이러한 문제를 생각하기 위해 이 책은 여러 가지 핵심어를 제시하고, 나아가 핵심어에 따라 문제를 정리하겠습니다.

저는 사회학자이기 때문에 전공 분야인 사회학적

방법이나 사고를 동원했으며, 그것을 바탕으로 생각을 진전시키며 주제를 고찰했습니다. 하지만 복잡한 데이터나 난해한 전문용어는 거의 사용하지 않았습니다. '친구' 때문에 현재 마음의 병을 앓고 있는 청소년 독자 여러분이 꼭 읽어주기를 바라기 때문입니다.

물론 부모님, 선생님, 일반인도 참고할 수 있도록 기술하려고 애썼습니다. 이 책이 인간관계에 대해 새롭게 사고할 수 있는 기회가 되었으면 좋겠습니다.

혼자라도 괜찮을까?

혼자서도
살아갈 수 있는
시대

"사람은 혼자서 살아갈 수 없는 법이다."

선생님이나 부모님에게서 이런 말을 들은 적이 있을 겁니다. 드라마에도 이런 대사가 종종 나옵니다. '뭐, 그야 그렇지. 인간은 혼자서 살아갈 수 없지' 하고 이 말을 그대로 받아들이는 사람도 있을지 모릅니다. 그러나 반대로 '정말 그럴까? 어쩐지 곧이곧대로 들리지 않는데? 사실 사람은 혼자서도 충분히 살아갈 수 있지 않을까?' 하고 생각하는 사람도 있겠지요.

여러분은 어떻게 생각하시나요?

이 물음에 관한 대답을 예측해 보면 이렇습니다. 나이가 많으면 많을수록, 그리고 주거 지역이 시골이면 시골일수록 "사람은 혼자서 살아갈 수 없다"고 대답할 가능성이 높습니다. 한편 나이가 젊을수록, 또 도시에 살수록 "의외로 인간은 혼자서도 살아갈 수 있지 않을까?" 하고 대답하는 비율이 높을 것 같습니다. 물론 도시에 사는 젊은이가 다 '혼자서 살아갈 수 있다'라고 생각할 리는 없겠지만, 전체적으로는 이런 경향이 나타날 것입니다.

사람과 사람 사이의 '관계' 문제를 생각하는 첫 출발점으로, 인간은 혼자 살아갈 수 없는가, 아니면 혼자서도 잘 살아갈 수 있는가 하는 질문을 던져보겠습니다.

　과거 일본에는 '마을공동체'라는 말로 종종 불리는 지역공동체가 존재했습니다. 이른바 '이웃 사람의 얼굴과 이름을 죄다 알고 있는' 공동체입니다.

　이것은 지방의 농촌이나 어촌뿐 아니라 도쿄 같은 도회지도 마찬가지였습니다. 〈올웨이즈 3번가의 석양 ALWAYS 三丁目の夕日〉이라는 영화를 보면, 영화니까 픽션의 요소도 꽤 들어갔다고는 해도, 서로 이웃한 주민들의 관계가 매우 밀접한 '동네'가 1960년대 중반까지 일본에는 확실히 자리 잡고 있었습니다.

　이렇듯 마을공동체가 확고하게 존재하는 과거에는 '혼자서는 살아갈 수 없다'가 엄연한 사실이었습니다. 무엇보다 먹을 것이나 입을 것을 비롯해 생활에 필요한 물자를 조달하거나 일을 하기 위해서는 여러 사람의 도움을 받아야 했기 때문입니다. 이처럼 물리적으로 혼자서 살아갈 수 없는 시대는 오랫동안 지속되었습니다. 따라서 마을공동체의 인간관계에서 내쳐지는

'따돌림'이라는 처분은 사활이 걸린 문제였지요.

그러나 근대사회로 진입하며, 생활을 매개하는 수단으로써 화폐(돈)가 널리 침투하면서 상황은 달라졌습니다. 극단적으로 말해 이제는 돈만 있으면 살아가는 데 필요한 거의 모든 서비스를 손에 넣을 수 있는 사회가 되었습니다.

특히 편의점 등 24시간 영업 점포가 늘어나면서 필요한 것이 생각났을 때는 언제든 생활필수품을 구할 수 있고, 인터넷 쇼핑과 택배를 이용하면 방에서 꼼짝하지 않아도 모든 서비스를 누릴 수 있습니다. 일의 종류에 따라서는 이메일과 팩스만으로 업무를 처리하기도 하지요.

이렇듯 이제는 혼자서 살아가는 일이 옛날처럼 곤혹스럽지 않습니다. '아무도 만나지 않고 혼자 살아가는 삶의 방식'도 선택할 수 있습니다.

어떤 의미에서 '사람은 혼자서 살아갈 수 없다'는

기존의 전제가 더 이상 통하지 않는 상황이 발생하고 있다고 할 수 있겠습니다. 하지만 이러한 현대사회의 변화에 주목해, "그러니까 혼자서도 살아갈 수 있다"고 말하고 싶은 것이 아닙니다. 다들 뿔뿔이 흩어져 자신의 욕망에 따라 멋대로 살아가자는 말도 아닙니다. '혼자서도 살아갈 수 있는 사회가 되었으니까 인간관계가 예전보다 복잡하고 어려워지는 것은 당연하다는 것, 인간관계가 진정한 의미에서 소중해졌다는 것'을 말하고 싶을 뿐입니다. 관계의 문제는 이러한 관점에서 다시 생각해 보아야 할 것입니다.

오늘날 우리는 돈만 있으면 혼자서도 생존이 가능한 사회에서 살아가고 있습니다. 그렇지만 보통 사람에게는 '그래도 혼자서는 쓸쓸하지 않을까?'라는 감각이 있기 마련입니다. 세상을 등진 사람처럼 살아가는 삶이 진심으로 이상적이라고 생각하는 사람도 없지는 않겠지요. 하지만 아무리 고독을 좋아하는 강한 사람이라도 대개 철저한 외톨이가 되면 외롭다고 느낄 것입니다.

그럼 왜 혼자는 쓸쓸할까요?

친한 사람, 안심할 수 있는 사람과 함께 있고 싶고, 누군가와 관계를 맺고 싶다는 것이 인간의 행복을 떠받치는 커다란 버팀목이기 때문입니다. 그렇기 때문에 대다수의 사람은 친구를 원하고 가정의 행복을 추구합니다.

사람과의 관계에서 '어떤 사람과 친해지면 편리하다, 혹은 불편하다, 나에게 이익이다, 혹은 손해다' 하는 식으로 이득만 따지는 관계도 확실히 있지만, 인간관계에 그런 측면만 있는 것은 아닙니다.

즉, '사람은 혼자서 살아갈 수 있을까?'라는 질문에 대한 저의 대답은 이렇습니다.

"현대사회에서 인간은 기본적으로 경제적 조건과 신체적 조건을 갖추고 있다면, 혼자서 살아가는 것이 불가능하지 않다. 그러나 혼자서 살아가고 있다고 생각할지라도 사람은 반드시 다른 사람과 관계 맺기를 원할 것이다."

관계의
거리 감각을
다시 세운다

누구나 '다른 사람과 친해지고 싶다', '인간관계를 통해 행복을 느끼고 싶다'라는 바람이 있습니다. 본질적으로 인간은 관계를 추구하는 존재이기 때문입니다. 그러나 현대사회에서는 관계를 추구함으로써 도리어 상처를 입거나 다른 사람을 몰아붙이는 상황에 빠질 때가 있습니다. 이 책을 읽는 독자들도 그런 경험이 적지 않을 것입니다. 어째서 그렇게 되는 것일까요?

첫째는 '친해지는 방법'이 아직껏 '마을공동체' 시대의 전통적인 사고방식에 지배당하고 있기 때문입니다.

나이가 지긋한 사람은 말할 것도 없고 의외로 젊은이도 '낡은 방법'에 얽매여 있는 사람이 꽤 많습니다. 도리어 젊은이들이 '낡은 방법'에 강렬하고 순수하게 순종하는 경향이 있을지도 모릅니다.

어느 정도 사회적 경험이 쌓이면서 발생하는 종잡을 수 없는 변화를 젊은이는 정면으로 받아들이곤 합니다. 중학교, 고등학교 때 선후배 관계를 맺는 모습을 보면 그런 느낌이 듭니다. 한두 살밖에 차이가 나지 않는데도 갑자기 생겨난 엄격한 상하관계를 지킵니다. 그래서 괴로워하다 못해 폭발해 버리는 일이 일어나기도 하지요.

우리는 어떤 공동체적 관계나 유대 속에서 전통적 방식으로 키워온 친근함을 모델로 삼고 있습니다. 그

안에는 이해득실을 전부 끌어안는 따뜻함과 깊이 있는 애정이 있기에 무조건 부정할 수는 없습니다. 그러나 모두가 똑같은 직업이나 생활양식을 가졌던 마을공동체와 동일한 방법을 사용해서는 이제 친밀감을 유지할 수 없습니다. 그만큼 우리가 놓인 상황은 눈에 띄게 달라졌지요.

예전 마을공동체와 같은 전통적인 방식을 고집해서는 복잡하고 이질적인 생활양식이나 가치관을 가진 가정, 학교, 직장의 구성원들과 더불어 살아가는 일이 어려워집니다.

다시 말해 '오늘날의 시대'에 들어맞지 않는 측면과 부딪히고 맙니다. 동질성을 전제로 한 공동체의 방식에서 자각적으로 탈피해야 할 시기에 들어선 것입니다. 이러한 변화는 이 책을 읽는 학생들은 물론, 무엇보다도 오늘날 학교의 교사와 부모도 꼭 이해해야 할 중요한 점입니다.

공동체적 친밀함이라는 관계로부터 벗어나서 사람과 사람 사이의 거리감을 좀 더 냉철하게 바라보고, 마음이 맞지 않는 사람과도 함께 지내는 방법을 생각해야 합니다. 사람과 사람의 관계에 대해 근본적인 발상의 전환을 시도하기, 이것이 이 책의 중요한 주제입니다.

우리는 친밀함만을 중시하던 공동체적 관점에서 벗어나, 서로 적절한 거리와 차이를 인정하며 조화롭게 지내는 새로운 관계 방식을 모색해야 합니다.

행복도

고통도

타인으로부터

인간관계의
두 종류

인간은 인간관계를 통해 대체 무엇을 얻으려고 하는 걸까요?

이 중대한 문제를 생각하기 위한 기초 작업으로서, 우선 사람과 관계를 맺는 것에 대해 조금 파고들어 고찰해 보지요.

인간관계는 크게 두 가지로 나누어 생각해 볼 수 있

습니다. 하나는 인간관계, 즉 타인과 관계를 맺음으로써 자신의 이익을 얻으려는 경우입니다. 관계를 맺는 것 자체가 목적이 아니라 목적이 관계의 외부에 있는 경우입니다. 돈이나 출세를 위해 사람들과 사귀는 경우가 이에 해당합니다.

또 하나는 인간관계 자체가 목적인 경우입니다. 이 사람과 함께 있으면 기분이 좋아지고, 마음이 놓이고, 뜻이 맞아 즐거운 경우, 대표적으로 친구나 가족 관계 등 이해득실을 넘어선 관계가 그렇습니다.

인간관계의 두 가지 종류는 현실에서 겹치는 경우도 많습니다. 친구와 사이좋게 지냄으로써 시험 칠 때 도움을 받기도 하고, 업무 때문에 알고 지내는 사이지만 친구처럼 마음이 잘 통하다 보니 고민을 털어놓기도 합니다. 그렇지만 인간관계의 본질을 제대로 고찰하려면 두 종류의 인간관계를 일단 개념적으로 구별하는 편이 좋습니다.

이 중 후자, 즉 인간적 유대 자체가 목적인 인간관
계의 본질을 이 책에서는 '교류'라는 핵심어로 나타내
고자 합니다.

행복의
모양은
제각각이기에

그러면 우리는 사람과 사람의 유대를 통해 대체 무엇을 추구하는 걸까요?

말할 것도 없이 '행복'입니다. 다만 '행복'이라는 한 단어로 정의해도 그 안에는 인간관계를 수단으로 이용해 자기만의 행복을 추구하려는 경우도 있는 반면, 인간관계 자체를 소중히 여기고 진심 어린 교류를 원함으로써 진정한 행복을 느끼려는 경우도 있습니다.

인간은 다양한 사고방식을 갖고 있지만, 행복해지고 싶다는 마음이 '삶'의 가장 중요한 핵심이라고 생각합니다. 나아가 자기 혼자만 행복하기보다는 가까운 사람들을 중심으로, 될수록 많은 사람과 행복을 느끼는 것이 더욱 커다란 행복을 맛보는 길이 아닐까요?

최근에는 '행복이란 무엇인가?'라는 질문에 대해 깊게 생각하지 않거나 이런 주제로 이야기하기를 부끄러워하는 경향이 있는 것 같습니다.

그렇기 때문에 남에게 물어보기에는 다소 어색한 질문이지만, 인간에게 무엇보다 중요한 문제, 즉 '행복이란 무엇일까?'에 대해 의식적으로 생각해 보겠습니다.

누구나 '이 학교에 들어가고 싶다'든가 '이런 직업을 갖고 싶다', 혹은 '이런 사람과 결혼하고 싶다' 같은 생각을 해본 적이 있을 것입니다. 이런 꿈에 대해 친구와 이야기한 적도 있을 테지요. 이것은 결국 '나는 어떻게 하면 행복해질까?'에 대해 구체적으로 표현한 것입니다.

인간이 추구하는 '행복의 구체적인 모습'은 개인마다 다양합니다. 어떤 사람은 가수가 되어 텔레비전이나 무대를 통해 청중 앞에서 자신을 표현하는 것이 행복일지 모릅니다. 반대로 어떤 사람은 사람들 앞에서 절대로 노래하지 않겠다고 할 것입니다. 눈에 띄는 일을 하고 싶은 사람도 있고, 반대로 뒤로 물러나 누군가를 지원하는 일에 행복을 느끼는 사람도 있습니다. 여러 유형의 사람이 있는 만큼 한마디로 "이것이야말로 행복의 모습이다!"라고 구체적으로 정의하는 것은 불가능합니다.

하지만 다양한 행복의 양상에서 본질을 추출할 수는 있습니다. 다시 말해 행복의 모습은 각기 다를지라도 공통적인 본질을 가려내는 것은 가능하지요.

　인간의 행복에 본질적인 것, 그것은 결국 두 가지 모멘트(계기)로 모아집니다. 이 두 가지 모멘트만큼 행복을 이야기할 때 중대한 핵심은 없을 것입니다.

행복의 모멘트 1
자아 실현

첫 번째는 '자아 실현'이라는 모멘트입니다. 이것은 '자기 긍정'이라는 말로 표현할 수도 있습니다. 즉 자신의 능력을 최대한 발휘할 수 있는 곳에서 하고 싶은 일을 할 수 있다면, 이것이야말로 커다란 행복일 것입니다.

천직天職이라는 말이 있습니다. 영어로는 calling이라고 합니다. '이 일을 할 사람은 바로 당신이라고 부름을 받은 일'이라는 뜻입니다. 부른 것은 '하늘의 음성' 즉 하느님입니다. '천부의 자질'이라는 말도 있습니다. 하늘이 내려준 재능을 발휘할 수 있는 일을 직업으로 얻는다면 얼마나 행복할까요. 메이저리그의 스즈키 이치로鈴木一朗 선수, 여자 레슬링의 요시다 사오리吉田沙保里 선수(아테네 올림픽을 비롯해 2002년부터 5년 연속 세계대회를 제패했다) 등을 보면 '천직'이라는 말을 실감합니다.

그 정도는 아니더라도 '이 일은 내 적성에 맞네', '막상 해보니까 즐겁군' 하는 일을 통해 자신의 능력을 발휘할 수 있다면 '자아 실현'이라는 모멘트를 얻었다고 할 수 있을 것입니다.

행복의 모멘트 2
타자와의 교류

1 | 교류 자체의 기쁨

또 하나의 모멘트는 이 책의 중요한 주제인 '타자와의
교류'입니다.

2장 첫머리에서 말한 바 있듯, 인간관계의 두 가지
개념적 종류 가운데 관계 자체가 목적인 관계를 '교

류'라는 말로 표현하겠습니다. 나아가 저는 '교류'의
기쁨을 두 가지로 나누어 생각해 보겠습니다.

하나는 '교류 자체', 즉 사람과 사람의 깊은 유대 자
체가 지닌 기쁨이 있습니다.

이를테면 엄마가 갓난아기를 돌볼 때, 불현듯 꿀꺽
삼켜버리고 싶을 만큼 사랑스러운 나머지 힘껏 껴안
는 순간이 있습니다. 그 어떤 논리를 떠나 아기가 존
재한다는 사실만으로 행복한 것이지요.

연인 관계에도 그런 순간이 있습니다. 사귀기 시작
한 지 얼마 안 된 시기에는 특별한 이유 없이 함께 있
는 것만으로도 즐겁고, 그 사람의 목소리를 듣는 것만
으로 행복합니다. 서로 이어져 있다는 것 자체만으로
눈이 부실 만큼 행복한 감정을 체험할 때가 있습니다.

아니면 그렇게 대단한 것이 아니라도 좋습니다. 신
기하게도 마음이 맞는 친구와는 딱히 무슨 일을 하지
않더라도 함께 있는 것만으로 기분이 좋아집니다.

저도 그런 적이 있습니다. 방에 함께 있으면서 친구는 조용히 텔레비전을 보고, 저는 곁에서 기타를 만지작거렸습니다. 그렇지만 그곳에서 시간과 공간을 공유하는 것 자체가 기분 좋은 유대감을 선사했습니다. 그것이 '관계 자체의 기쁨'입니다.

2 | 타인에게 인정받는 기쁨

또 하나가 '타인에게 인정받는 것'입니다. 두 사람 사이라면 '상호 인정'이 되겠지요.

'○○는 좋은 아이야', '멋진 친구야', '공부를 참 잘해', '옷을 잘 입는 것 같아' 등등 내용은 무엇이든 상관없습니다.

'무언가를 타인에게 인정받는' 기쁨이야말로 무엇과도 바꿀 수 없을 만큼 소중합니다.

제 이야기를 하자면, "좋은 책을 쓰셨군요", "오늘

강의, 참 좋았어요" 같은 말을 예로 들 수 있겠네요. 사회적 관계 속에서 자신의 활동이나 존재 자체를 인정받는 것은 아까 언급한 '자아 실현'과 더불어 더할 나위 없는 기쁨입니다. 자신의 능력을 마음껏 발휘할 수 있는 일을 해내고, 그것을 높이 평가받는다면 얼마나 기쁠까요.

인정의 모멘트는 인간에게 지극히 중요합니다. 그래서 무시당하면 엄청나게 쓰라린 법이고, 때로는 인정을 둘러싸고 다툼이 일어나기도 합니다.

간혹 학교에서 '○○만 사랑을 독차지하는 것 같아' 같은 소문이 퍼질 때가 있습니다. 이는 선생님에게 서로 인정받으려는 데서 발생하는 긴장 관계를 드러냅니다. 최근 성실한 학생이 집단 따돌림의 대상이 되기 쉽다고 하는데, 이것은 '성실함＝선생님에게 인정받고 있을 가능성'이기 때문에 주위 학생들이 경계하는 대상이 된다는 뜻이겠지요.

그 밖에도 인정을 둘러싼 경쟁은 가까운 사이에서도 곧잘 일어납니다. 형제도 누가 더 부모에게 귀여움을 받느냐를 둘러싸고 싸움을 벌입니다. 회사라면 '누가 상사의 눈에 들었나?'를 가지고 라이벌끼리 신경을 곤두세우는 상황이 발생합니다. 연애 중 삼각관계에 빠져 허덕이는 것도 연인에게 인정을 받고자 하는 다툼입니다.

우리는
모두
혼자다

지금껏 '타자'라는 말이 몇 번 나왔습니다.

타자는 앞으로 관계를 생각할 때 아주 중요한 핵심어입니다.

보통 일상생활에서 "나와 너는 타자야"라는 말은 하지 않습니다. 타자는 '타인'이라는 말로 바꾸어도 좋을 때가 많지만, 뉘앙스가 조금 다를 때도 있습니다. 예를 들어 자기 부모를 '타인'이라고 말하는 사람은 많지 않습니다. "부모지만 결국 타인이야"라는 말은 심하게 싸우고 난 다음에나 할 법한 말입니다.

부모와 달리 혈연관계가 아닌 부부나 연인, 친구끼리 '타자'라는 말 자체는 틀린 말은 아니지만 어쩐지 냉정한 느낌입니다. 관계를 부정적으로 보는 뉘앙스가 있기 때문에 웬만하면 입 밖으로 꺼내기 어렵지요.

그러나 제가 여기에서 '타자'라는 말을 꺼낸 목적은 사람과의 유대를 냉정하게 끊어내려는 것이 아닙니다. 아무리 가까운 존재라도 자기 이외에는 모두 '타자'입니다. 자신과 다른 사고방식과 감정을 느끼는 다른 인간인 것입니다. 좀 엉성한 정의이기는 하지만, '타자=자기 이외의 모든 인간'이라고 생각하는 것이 인간관계를 둘러싼 까다로운 문제를 쉽게 푸는 실마리가 될지도 모릅니다.

사실 친밀한 관계일수록, 아니 친밀한 관계이기 때

문에 '타자'라는 인식은 더욱 중요합니다.

'타자'라는 인식을 확실하게 가지지 못하면 '자기'라는 존재도 명확해지지 않습니다.

'내 마음을
알아줄 거야'라는
오만

'타자'의 의미는 두 종류로 나누어 볼 수 있습니다.

하나는 '낯선 타자'입니다. 이것은 거의 '타인'과 바꾸어 쓸 수 있습니다. 우리는 낯선 타자를 타인이라고 부르니까요.

또 하나는 '낯익은 타자'입니다. 이 말은 일상적으로 쓰지 않지만 중요한 핵심어입니다. 여기서는 '아주 가까운 사이지만 타자'라는 뉘앙스에 주목하겠습니다.

아무리 친한 사람이라도 서로 모르는 면이 있고 서로 다른 성격을 갖고 있습니다. 이것을 '이질성'이라고 합니다. 아무리 마음이 맞고, 신뢰할 수 있고, 마음을 허락할 수 있는 사람이라도 자기와는 다른 가치관이나 시각을 갖고 있는 법입니다. '이질성을 지닌 타자'라는 것은 모든 인간관계를 생각할 때 기본적인 대전제입니다.

'이질성, 즉 나와는 다르다는 것을 전제로 생각하는 것'은 어쩐지 부정적인 함의를 느끼게 할지도 모르지만 실제로는 그렇지 않습니다.

반대로 친구이기 때문에, 부모 자식 사이이기 때문에 '내 마음을 알아줄 거야', '우리는 마음이 하나니까' 하고 생각하면 자칫 자기밖에 보이지 않습니다. 그것은 타자의 존재를 무시한 오만한 생각일 가능성도 있지요. 극단적인 예를 들자면 스토커가 그렇습니

다. 그들은 상대방의 타자성(타자라는 본질적인 성질)을
이해하지 못하고, 상대를 자기 마음을 투영하는 도구
로만 보는 것입니다.

　상대를 타자로 의식하는 지점에서 비로소 진정한
관계와 친밀함이 생겨납니다.

타자가 있어야
기쁨도 있고
슬픔도 있다

'타자＝자기 이외의 모든 인간'이라는 것에 대해 설명했습니다. 그러면 타자는 구체적으로 어떤 존재일까요?

타자는 이중적인 성격의 본질을 갖고 있습니다. 타자를 생각할 때는 이것을 염두에 두어야 합니다.

1 | 타자는 '위협의 근원'

하나는 '타자는 위협의 근원'이라는 점입니다.

이것은 철학자 다케다 세이지竹田青嗣의 표현인데, 타자는 '위험하다고 느끼는 존재', '두려운 존재'라는 뜻입니다.

이를테면 다음과 같은 상황을 떠올려 보지요. 밤길을 혼자 걷는데 뒤에서 따라오는 발소리가 가까워지면 무슨 짓을 당할지 모른다는 공포를 느낄 때가 있습니다.

혹은 아주 친근한 타자일지라도 생각지도 못한 그의 말 한마디에 상처를 입을 때가 있습니다. 상대방은 그럴 의도가 없었겠지만, 그가 아무렇지도 않게 내뱉은 한마디가 가슴을 아프게 찌를 때도 있지요. 설령 별 뜻 없이 한 말이라도 부모님에게 "형 좀 봐라, 넌 왜 그 모양이니?" 같은 말을 들으면 꽤 상처를 입기도

합니다. 그럴 때는 아무리 가까운 사람이라도 위협의
근원이 되는 것이지요.

2 | 타자는 '삶의 묘미'

또 하나는 '타인의 인정'을 얘기할 때도 언급했지
만, 타자는 삶의 기쁨을 주는 존재이기도 합니다. 다
케다 세이지는 이를 '에로스의 근원'이라고 표현했는
데, 에로스라는 개념은 좀 어렵기 때문에 저는 그것을
'삶의 묘미'라고 바꾸었습니다.

살면서 '아, 다행이다', '어쩜 이렇게 멋질까', '정
말 기쁘구나' 등의 긍정적 감정의 총체를 가리켜 저는
'삶의 묘미'라는 핵심어로 표현합니다. 이것은 살아
있다는 것이 즐겁고 행복해서 가슴이 설레는 기분입
니다. 타자는 이런 기쁨을 가져다주는 존재, '삶의 묘
미의 근원'입니다.

따라서 타자에게 인정받거나 주목받거나 칭찬받는 것은 활동하는 데 대단한 격려이자 기쁨입니다.

예를 들어 100미터를 아무리 빨리 달려도 타인에게 인정받지 못한다면 만족감을 느낄 수 없습니다. 아무도 모르는 곳에서 "난 100미터를 9.7초에 달릴 수 있어" 하고 말한들 공허할 뿐입니다. 그것이 공인 기록으로 남거나 관중 앞에서 세운 기록이어야만 "저 사람은 그때 9.7초의 기록을 세웠어"라는 말을 듣고 역사에도 남겠지요. 이 정도로 큰 사건이 아니라도 주위 사람에게 인정받는다는 것은 살아가는 데 적지 않은 힘이 됩니다.

아무리 애써도
틀어지기 마련인
관계

'타자'라는 존재가 복잡한 까닭은 '위협의 근원'인 동시에 '삶의 묘미(또는 에로스)의 근원'이라는 이중성 때문입니다. 사람은 타자의 이중성에 늘 휘둘립니다.

어느 한쪽만 있다면 단순할 것입니다. 만약 타자가 위협의 근원이기만 하다면, 세상과 단절하고 집안에 틀어박혀 자신의 취미에 몰두하는 것만으로 즐거울지 모릅니다. 하지만 아무리 생각해도 '은둔형 외톨이'는 고통스럽습니다. 타자의 위협은 없겠지만 타자가 가져다주는 삶의 묘미도 얻을 수 없기 때문입니다.

반대로 인간관계에 즐거움만 있다면 애당초 이런 책을 쓸 필요가 없을 것입니다. '모두 사이좋게 지내자'라는 긍정적인 방향만 생각하면 될 테니까요.

하지만 타자와의 관계는 그렇지 못합니다.

아무리 사이가 좋아도, 아무리 상대나 주위를 배려해 말하고 행동하려고 애써도, 오해하거나 사이가 틀어지는 일은 발생하기 마련입니다. 더구나 인간관계가 뒤틀렸을 때 상대에게 의도적인 악의가 있는 편이 오히려 대처하기 쉽습니다. 정말 골치 아픈 경우는 딱히 상처를 주려는 의도가 없었는데도 상대의 무심한 말과 행동 때문에 내가 상처를 입을 때입니다. 또는 무의식적인 내 언동 때문에 상대가 알지 못하는 사이에 상처를 입을 때입니다.

아무리 마음이 잘 맞고 믿을 수 있는 사람이라도 결국 나와 다른 생각과 관점을 지니기 마련입니다. 상대를 나와 구별된 존재로 인정할 때 비로소 진정한 관계와 친밀함이 형성됩니다.

우리는 왜

친구 때문에

고민하는 걸까

?

왜 자리에 없는
사람의 흉을 볼까?

학교에서는 반 친구들끼리 작은 집단을 이루어 쉬는 시간 등에 늘 함께 활동합니다. 그러는 도중, 친한 사이인데도 그 자리에 없는 친구의 흉을 보는 일이 자주 발생합니다. 이것은 새삼스러운 일이 아닙니다. 사회학에는 '희생양 이론'이라는 개념이 있습니다.

'희생양'이란 원래 구약성서에 나오는 바와 같이 속

죄를 위해 바치는 산양을 가리킵니다. 구약성서 시대에는 인간의 죄를 대신해 산양을 황야에 풀어놓는 종교적 의식이 있었습니다. 한마디로 산제물입니다. 이것에서 유래해, 오늘날에는 사람들의 증오, 불안, 시기심 등을 하나의 대상(개인이나 집단)에 전가해 화살을 돌리는 일을 가리켜 "누군가를 희생양으로 삼는다"고 말합니다.

그러면 도대체 왜 우리는 친한 사이인데도 그 자리에 없는 친구의 흉을 볼까요?

이는 제3자(나와 너를 제외하고 이 자리에 없는 사람)를 배제함으로써 '너와 나의 친밀함을 서로 확인하는 행위'입니다. A와 B가 그 자리에 없는 C의 험담으로 열을 올림으로써 A와 B는 그 순간 자신들의 친밀함을 재확인하는 것입니다. 이런 일은 흔히 벌어집니다.

그렇지만 이런 일은 두 사람에게 새로운 불안을 불러일으키기 십상입니다. 그것은 언제 자기가 배제당할지 모른다는 불안입니다. 그리고 불안은 점점 더 증폭하여 더욱 확고해지지요.

저도 이런 장면을 본 적이 있습니다. 딸과 아들이 아직 유치원에 다닐 때, 저는 아이들을 데려다주고 데려오는 일을 자주 맡았습니다. 아이들은 벌써 유치원으로 들어갔는데도 엄마들은 집으로 돌아가지 않고 그 자리에 남아 계속 이야기꽃을 피웠습니다. 아빠들이었다면 일이 끝나자마자 곧장 발길을 돌렸겠지요.

아내에게 그 이야기를 했더니 이렇게 말했습니다.

"아마도 그 자리에 없으면 불안하기 때문일 거야. 사실 매일 몇십 분이나 수다를 떨고 싶지 않은 사람도 있겠지. 그렇지만 그 자리에 없으면 무슨 말을 할지 모르기 때문에 그러지 않을까?"

더구나 다른 사람은 다 아는데 자기만 모르는 상태를 극단적으로 두려워하는 경향도 있을 것입니다. 대단한 내용의 정보는 아닐지언정, 정보를 공유하지 않는 것만으로 본인이 배제당할 빌미를 줄지도 모르기 때문입니다.

이렇듯 어떤 집단은 항상 밀접한 관계를 맺지 않으면 언제 배제당할지 모른다는 불안을 안고 있습니다. 불안하기 때문에 더욱더 관계를 강화하고 고착시킵니다.

교사의 관점에서 '저 아이들은 언제나 사이좋게 함께 지내는구나' 하고 여기는 학생 집단이라도, 실제로 이야기를 들어보거나 잘 관찰해 보면 꽤 긴장감 도는 상태로 함께 있는 경우가 있습니다. 물론 사이가 나쁜 것도 아니고 함께 있으면 즐겁기도 하지만, '그 속에 있지 않으면 불안하니까, 험담을 듣기 싫으니까' 함께 지내는 상태일 가능성도 있다는 것이지요.

우정을
강요받다

요즘은 스마트폰을 통한 커뮤니케이션이 특히 문제가
되고 있습니다. 특별히 서두를 것도 없는데 앉으나 서
나 스마트폰을 손에 쥐고 있는 사람이 꽤 있지요. 메
시지를 보내면 얼마나 빨리 답장을 해주느냐에 따라
상대방의 우정이나 애정의 정도를 재보려는 사람도
많은 것 같습니다. 답장이 늦으면 "왜 곧장 답장을 해

주지 않았어?", "날 생각하는 마음이 그 정도야?" 하
고 따지곤 합니다. 서로 마음이 불편한 상태를 만들어
버리는 것이지요.

메시지를 발송한 사람은 답장이 늦어지면 불안해집
니다. 메시지를 받는 사람은 바로 답을 해야 한다는
압박감을 느낍니다. 그리고 '친구니까, 아니면 사귀는
사이니까, 매일 메시지를 주고받아야 한다'는 상태를
서로 만들어 버립니다.

본래는 행복해지기 위한 친구, 또는 친한 사이인데
도, 그러한 존재가 거꾸로 스스로 숨 막히고 상대방도
숨 막히게 하는 괴상한 관계를 낳고 맙니다. 저는 이
것을 '동조 압력'이라고 부릅니다.

제가 연구실 공부모임에서 '동조 압력'이라는 말을
사용했을 때, 어느 제자가 이렇게 말했습니다.

"선생님, 고등학교에 다니는 3년 내내 저는 '동조
압력' 때문에 고민이 많았습니다."

그녀는 무슨 일이 있어도 언제나 함께 행동해야 한다는 분위기가 무척 부담스러웠다고 합니다. 빠져나가려고 해도 빠져나갈 수 없었고, 조금이라도 거리를 두려고 하면 "왠지 차가워졌어", "요즘 좀 이상한데?" 같은 말을 들었습니다. 그러면 언제 따돌림의 대상이 될지 몰라 불안했고, 그렇다고 거리를 두면 고립되는 것이 두려웠다고 합니다. 이렇게 매일매일 지내다가 대학에 들어오고 나서야 '남은 남, 나는 나'라는 분위기 속에서 해방감을 느꼈다고 합니다.

"'동조 압력에 어떻게 대처해야 할까?' 이것이 그당시 제 고민의 주제였다는 것을 이제야 뚜렷이 깨달았습니다." 그녀는 오랜 기간 가슴의 응어리가 풀린듯 이렇게 말했습니다.

이제까지 명치끝에 걸려 속이 꽉 막혀 있던 답답함이 어떤 핵심어를 통해 시원하게 풀릴 때가 있습니다. 아마도 그녀는 언제나 친구로 받아주고 행동을 함께

하는 집단에 대해 '아, 답답해, 거리를 두고 싶어. 내가 이기적이라서 그런가?', '그건 날 친구로 대해주는 아이들한테 못할 짓이 아닐까?', '가끔은 혼자 행동하고 싶은데 이런 마음을 솔직하게 말할 수 없어' 하는 생각에 혼자 끙끙 앓았던 것이겠지요.

학교는 같은 나이 또래의 어린 친구들이 모이는 동질적인 집단입니다. 따라서 그곳은 동조 압력이 높기 마련입니다. 좋든 싫든 다른 학생과 똑같이 교복을 불량스럽게 입거나 친구들과 함께 한창 대세인 가방을 가지고 다니거나 당시 학생들 사이에서 유행하는 은어(이것에 대해서는 8장에서 상세하게 다루겠습니다)를 입에 담습니다.

스스로 원해서 선택한다기보다는 혼자 유별나게 보이는 것이 두렵고, 분위기를 못 맞추는 애라고 손가락질 당하는 것이 싫기 때문에 어쩔 수 없이 친구들과 보조를 맞추는 것이지요.

그 양상은 다양할지라도 제 주위에는 다양한 동조 압력이 감돌고 있습니다. 이 책을 읽는 독자 중에도 지금 동조 압력 때문에 괴로워하는 사람이 있을 것입니다.

동조 압력은 학교뿐만 아니라 어른의 세계에서도 일어납니다. 직장에서 매일 똑같은 멤버와 습관적으로 점심을 먹으러 갈 때나 '놀이터 만남''이후 엄마들의 모임에 참석할 때 동조 압력을 느끼기도 합니다.

| 엄마가 아기를 데리고 근처 놀이터에 나가 그곳에 놀러 온 엄마들과 처음 만나 사귀는 일.

모든 것은
불안하기
때문에

지금 우리가 주위에서 접하는 동조 압력은 현대의 새로운 공동성에 대한 압력이 아닐까 생각합니다. 일본 사회는 하드웨어(물적 환경이나 법적 제도)는 충분히 근대화를 이루었을지 모르지만, 소프트웨어(정신적인 측면이나 가치관)는 아직 마을공동체적인 동질성의 관계성에 얽매여 있는 듯합니다. 그러나 소프트웨어를 뒷받침하는 현실적인 근거가 마을공동체를 뒷받침한 전통 사회와는 다릅니다. 옛날 마을공동체적인 전통적 공동성을 떠받친 근거는 생명 유지의 상호성이었습니다. 빈약한 생산력에 기초한 옛날에는 서로 돕는 공동체적 형태를 취하지 않으면 서민의 생활을 유지할 수 없었습니다. 그러므로 전통적인 마을공동체적 공동성은 '모난 돌이 정 맞는다', '힘센 쪽에 붙어라' 같은 속담이 드러내듯 동조 압력이 강한 반면, 서로 힘을 합쳐 도와주는 상호부조의 측면이 강했습니다.

하지만 현대의 새로운 공동성에는 '불안'의 상호성이 깔려 있습니다. 많은 정보와 다양한 사회적 가치관 속에서 서로 자신의 사고와 가치관을 세우지 못함으로써 불안이 커지고 있습니다. 그 결과 '집단 이루기'로 불안을 벗어나려는 무의식적인 경향이 강해지고, 그런 행동이 새로운 동조 압력을 낳는 것 같습니다.

이 문제와 관련해 미국의 사회학자 데이비드 리스

먼David Riesman은《고독한 군중The Lonely Crowd》'이라는 책
에서 인간이 지닌 '사회적 성격'을 세 가지 유형으로
나누고, 그것을 통해 현대인의 특징을 고찰했습니다.
'전통 지향형', '내부 지향형', '타인 지향형'이 바로
그것입니다.

　전통 지향형은 근대 이전의 사회에 지배적인 사회
적 성격입니다. 자신의 주체적인 판단이나 양심이 아
니라 '옛날부터 해오던 방식'을 따르거나 '가장이 이
렇게 말했으니까 이렇게 한다'처럼, 외면적인 권위나
체면이라는 의식에 따라 행동의 기준을 정합니다.

　내부 지향형은 근대 형성기에 보이는 사회적 유형
입니다. 자신의 내면에 마음의 나침반을 갖고 그 기준
에 비추어 자신의 행동을 제어합니다. 그리고 리스먼
은 현대인의 성격 유형을 타인 지향형이라고 불렀습
니다. 타인 지향형은 글자 그대로 자신의 행동 기준을

| 한국어판 류근일 옮김, 동서문화사, 2016

타인(제 표현에 따르면 타자)과 동조하는 데 둡니다.

리스먼이 말하는 전통 지향형과 타인 지향형은 아까 제가 고찰한 공동성에 비추어 보면 각각 '마을공동체적 공동성'과 '새로운 공동성'에 대응합니다. 그리고 각각에서는 성격을 규정하는 이질적인 동조 압력이 드러납니다.

동조 압력, 새로운 공동성이라는 말을 핵심어로 삼아 자신을 둘러싼 주변의 인간관계를 둘러보면 새삼스레 깨달을 수 있는 점이 있지 않을까요.

물론 그렇다고 '이런 건 동조 압력이니까 좀 느슨하게 관계를 맺자고!', '맞아, 그럼 균형 있게 관계를 다시 맺어보자!' 하는 식으로 금방 변하지는 않겠지요. 그러나 언어는 타인과의 의사소통을 위한 수단인 동시에 자기 마음을 또렷하게 그려내는 중요한 기능도 갖고 있습니다. 답답한 마음을 언어로 표현하는 것만으로도 정신적인 중압감을 덜 수 있지 않을까요.

'모두 같이'에서
'각자 공존'으로

그렇다면 동조 압력으로 서로 에너지를 소모하는 일이 가급적 일어나지 않도록 친구를 사귀는 방법은 무엇일까요?

괴로워만 하지 말고 동조 압력 또는 집단 따돌림의 피해자-가해자라는 관계에서 조금이라도 벗어나기 위한 발상이 필요합니다. 구체적으로 어떻게 할지는 각각의 경우에 맞추어 생각해야 하지만, 그 전에 발상의 기본, 관계를 생각하는 원리를 살펴보겠습니다.

그것은 제가 특히 강조하고 싶은 것인데, '동질성'에서 '공존성'으로 나아간다는 사고방식입니다.

사람人의 사이間라고 쓰고 '인간'이라고 읽을 정도로 인간은 공동체적 본질을 갖고 있습니다. 그 본질이 현실의 인간관계로서 눈에 보이게 구체화된 것이 과거의 마을공동체입니다. 그곳에서는 매우 긴밀한 유대감을 형성하고 무조건 '함께 있고, 한데 있는 것'을 무척 중요하게 여겼습니다.

'모두 똑같이'를 특히 중요시하는 감각과 사고방식을 여기에서는 동질성의 중시라고 부르겠습니다. 그리고 공동성이라는 인간적 본질이 '동질성'을 특히 강조해 현실화될 경우 '동질성 공동성'이라는 핵심어를 사용하겠습니다. 1장에서도 이야기했듯 이것은 전통적인 마을공동체에서 바람직하다고 생각해 온 인간관계입니다.

그러나 현대사회에서는 인간의 공동성이 아주 추상적으로, 즉 직접적이기보다는 간접적이고 매개적인 성질을 띠고 있습니다.

여러분은 별로 의식하지 못할지도 모르지만 '화폐'를 매개로 한 인간관계가 대표적입니다. 화폐가 사회 전체에 침투했다는 것은 인간의 공동성이 없어지고 모두 개체화되어 버렸다는 뜻이 아닙니다. 눈에 보이지 않는 간접적인 형태로 인간의 공동적 본질이 세계적으로 확산되었다는 것입니다. 즉 '세계화'의 의미입니다.

화폐는 공동성이라는 인간적 본질이 추상적인 형태로 구체화한 것이라고 이해할 수 있습니다. 이것은 '추상적 공동성'이라고 표현할 수 있겠지요.

그도 그럴 것이 우리가 입고 있는 재킷은 가까운 나라 중국의 이름 모를 누군가 재봉틀을 돌려 만든 것일지도 모르고, 방금 마신 커피의 커피콩은 지구 반대편 브라질에서 여러 사람의 손을 거쳐 이곳으로 들어온 것일지도 모릅니다.

개인의 경제적 자립은 화폐를 매개로 전 세계 타자들의 활동에 의존하는 일과 동전의 양면을 이룹니다. 생활의 기반을 만드는 사람들의 '관계'가 화폐와 물자를 매개로, 직접적으로 눈에 보이는 사람들에 의한 직접적인 의존 관계로부터 눈에 보이지 않는 다수에 의한 간접적인 의존 관계로 변질한 것입니다. 이것이 현대의 공동성이 실현되는 모습의 한쪽 면입니다.

눈에 보이지 않는 의존 관계가 확장되자, 가족이나 친구 관계 등 가까운 타자와의 관계에서 누릴 수 있는 친밀함이나 따뜻함에 대한 긍정적인 인식이 확대되었습니다. 또한, 사적인 시간 안의 관계나 활동을 중시하는 경향도 생겨났습니다.

그런데 이러한 현대사회의 공동성이 지닌 이중성에

대응할 수 있는 인간관계에 대한 정신적인 자세는 아직 갖추어지지 않은 듯합니다.

화폐-경제적 네트워크를 배경으로 각 가정 혹은 개인 활동의 자유와 다면화가 진행됨에도 '모두 함께'라는 동질성의 요구가 강해지면 곤란한 일이 발생합니다.

사람들은 한편으로 개성과 자유를 획득하고 각자의 능력과 욕망의 가능성을 추구하지만, 다른 한편으로 모두 똑같아야 한다는 동조 압력 때문에 분열되어 버리는 것입니다.

이러한 인간관계의 왜곡을 파악하기 위한 핵심어가 아까 지적한 현대의 새로운 공동성입니다. 분열 상태에 갇혀 있는 이상, 고민을 해결할 수 없습니다.

이와 대조적으로 '공존성'이란 '다른 것과 동시에 존재한다'는 뜻입니다.

근대 이후 현대사회에 들어오면서 인간은 점점 더 마을공동체적 공동성이 지닌 직접적인 구속력에서 벗어나 도시적인 자유와 개성의 추구가 가능해졌습니다. 이전까지는 비록 개성을 갖추고 싶다는 생각이 있어도 사회적으로 실현할 장소와 기회를 얻지 못했던 사람들이 근대 이후에는 점차 자신이 좋아하는 행동과 욕망을 추구하기에 이르렀습니다.

상황이 이렇게 변하자 자기와 다른 사고방식이나 감각을 가진 사람들과 함께 지내는 시간이 자연스럽게 많아졌습니다. 특히 학교와 직장처럼, 좋든 싫든 타자와 함께 있어야 하는 현대의 조직적 집단 속에서 이러한 경험은 불가피했지요.

한마디로 현대사회에 들어와 '마음이 맞지 않는 사람'과 함께 시간과 공간을 나눌 수밖에 없는 경험의 기회가 늘어난 것입니다. 그렇기 때문에 우리는 '마음이 맞지 않는 사람과 함께 지내는 방법'을 진지하게 생각해야 합니다. 이것이 제가 '공존성'이라는 핵심어로 표현하고자 한 문제의식입니다.

현대의 다양한 인간관계가 지닌 문제를 해결하는
방법으로 '공존성의 중시'를 정면으로 주장해야 할 단
계입니다.

'다들 사이좋게'는
환상이다

'공존성'을 살펴보기 위해 동질적 공동성의 인간관계
는 어떠한 것인지를 재확인해 두지요.

일본에서는 초등학교에 들어갈 무렵 다들 한 번쯤
은 〈1학년이 되면〉이라는 노래를 듣고 부릅니다. "1학
년이 되면 친구 100명을 사귈 수 있어"라는 가사가 나
오는데, 이것은 꽤 강렬한 인상을 주는 메시지입니다.

초등학교 1학년이 되면 친구를 100명 사귀고 싶다, 또는 친구 100명을 사귀는 것이 바람직하다는 내용이니까요. 이 노래에 무의식중에 부담을 느낀 사람도 많겠지요.

학교의 이미지는 '다들 사이좋게 지내자'고 하고, '언제나 마음을 모아 하나가 되는 곳'입니다. 이것이야말로 '환상'이라는 말을 쓰고 싶은 대목입니다. 학교는 〈1학년이 되면〉이라는 노래가 상징하듯 '친구라는 환상'을 강조하는 곳인 듯합니다. 그렇지만 우리는 이제 그러한 환상에서 해방되어야 합니다.

'누구나 친구가 될 수 있고 누구하고도 사이좋게 지낼 수 있다'라는 전제를 바탕으로 학급이나 학교를 운영하는 것은 재고해 보아야 하지 않을까요.

저는 현재 교육대학에 재직하고 있기 때문에 직업상 초등·중학교 교장이나 교사와 이야기할 기회가 많습니다. 인격이 훌륭하고 리더십이 있는 교사, 교육

현장에서 힘을 발휘한다고 평가받는 교사조차도, 아니 오히려 그런 교사이기 때문일지도 모르겠지만, '아이들은 모두 착하기 때문에 교사가 잘 보살피기만 하면 다들 사이좋게 지낼 수 있다'는 전제 아래 교육에 임하는 듯합니다.

모든 학교가 '집단 따돌림 제로'를 지향합니다. 이를 위한 계획을 물으면 하나같이 열정적으로 대답합니다. "모두 한마음이 되도록…", "인격 교육에 힘써 정서가 메마르지 않은 아이들로 키우도록…", "서로를 배려하며 마음이 통하는 학급을 만들도록…" 등등. 하지만 저는 좀 배배 꼬인 인간이기 때문에, '그것은 이상에 불과할 뿐이 아닌가? 지향하는 목표를 높게 잡는 것은 바람직할지 몰라도, 슬로건만 내세우면 도리어 아이들을 억압할 수도 있다'고 생각합니다.

"○○야, 혼자서 그러지 말고 이리로 오렴" 같은 말을 압박으로 느끼는 아이도 있습니다. 또, 다른 사람과 어울리지 못하는 점을 지나치게 걱정한 나머지 '난 틀려먹은 게 아닐까?' 하고 자책하는 아이도 적지 않습니다. 확실한 이유도 없이 '이 아이와는 도저히 어울릴 수 없어' 하고 생각하는 친구도 있습니다. 어른이 되면 누구나 체험하는 일이면서 유달리 '아이들 세계는 어른과 달라, 아이들은 누구와도 사이좋게 지낼 수 있어' 하고 생각하는 것은 불합리합니다. 이러한 견해는 아이들의 세계를 지나치게 투명하고 순진무구한 이미지로 덧씌운 결과가 아닐까요.

학교 문화를 돌이켜보면 기존의 '동질적 공동성'이라는 측면에만 시선을 돌리는 편향이 있지 않았는지 의심스럽습니다.

마음 맞지 않는 사람과
함께 있는 법

옛날에는 '같은 반 아이들과 모두 사이좋게'라는 사고
방식에 현실적인 근거가 있었습니다.

왜냐하면 대개 소학교, 즉 오늘날의 초등학교는 마
을에 하나밖에 없었기 때문입니다.

'자연촌'이라는 농촌 사회학의 개념이 있습니다. 행
정촌과 대비되는 개념으로, 무로마치室町시대'부터 에

도江戸시대"에 이르는 동안 사람들이 자연스레 모여 이루어진 촌락을 말합니다. 그런데 메이지明治시대"'에 들어와 자연촌을 기반으로 소학교를 세우자 대대손손 얼굴을 마주 대고 살아온 사람들의 아이들이 소학교에 모여들었습니다. 부모들끼리 다 아는 사이일 뿐 아니라, 경우에 따라서는 몇 세대 전부터 '저 집은 이렇고 이 집은 이렇다'는 식으로 훤히 압니다. '이번에 저 집 둘째 아들이 입학했다' 같은 사정도 다 알 만큼, 학교가 설립된 지역에는 처음부터 친밀한 관계가 형성되어 있었던 것입니다.

그런 환경에서는 학교와 학급 운영을 둘러싼 이웃 네트워크가 오늘날과 크게 다를 수밖에 없습니다. 예

ı   1338~1573. 아시카가(足利) 씨가 지배한 무가(武家)정권 시대.

ıı 1603~1867. 도쿠가와 이에야스(德川家康)가 막부를 개설한 때부터 15대 쇼군 도쿠가와 요시노부(德川慶喜)가 정권을 조정에 반환한 때에 이르는 일본의 봉건시대.

ııı 1867~1912. 메이지 정부가 수립된 뒤부터 메이지 천황의 통치 기간.

전의 친밀한 이웃 관계가 있어야 비로소 '같은 반 아이들과 모두 사이좋게'라는 상태가 가능합니다.

물론 옛날이라고 해서 같은 반 아이들이 전부 사이좋게 지내기는 어려웠을 것입니다. 하지만 지금과 비교하면 마을공동체의 공동생활을 중심으로 지역의 연대가 무척 강했고, 마을 전체가 품앗이를 통해 힘을 합쳐 모내기나 벼 베기를 하거나 도로의 보수 공사와 잡초 베기 등 공동 작업에 나섰습니다. 이렇듯 지역적 기반이라는 현실적 근거를 통해 학교의 공동성 실현이 가능했던 것입니다.

그러나 특히 1980년대 이후에는 도시뿐만 아니라 지방에서도 지역적 기반은 거의 사라졌습니다. 지역 전체가 단순히 우연한 계기로 그곳에 사는 사람들의 집합체가 되었습니다. 교사들은 여태까지도 '학급은 운명 공동체'라는 발상에 심취해 있기 십상이지만, 같은 지역에서 통학한다고 해도 아이들은 자신과 친구들을 단순한 우연적 관계의 집합으로밖에 느끼지 못하는 경우가 많습니다.

이런 상황에서 진정으로 '이 아이는 믿을 수 있어', '이 아이와 함께 있으면 즐거워' 하는 반 친구를 만날 수 있다면, 그것은 정말 큰 행운이라고 생각합니다. 다시 말하지만 마음이 맞는 친구를 만나는 것은 당연한 일이 아니라 '대단한 행운'입니다.

당연하게도 그런 우연한 관계의 집합 안에서는 마음이 맞지 않는 사람, 자기가 좋아하지 않는 사람을 만날 수도 있습니다. 그때 그런 사람들과 '공존'할 수 있는 것이 중요합니다.

그러기 위해서는 마음에 들지 않는 상대일지라도 서로 상처 주지 않도록 시간과 공간을 공유할 수 있는 방법을 익히는 수밖에 없습니다. 어른은 의식적으로 '상처를 주고받지 않고 함께 있는 것이 우선 중요하다'라고 아이들에게 가르쳐야 합니다. 아이들에게 그

점을 교육하지 않으면 교사의 학급 운영은 힘들어질 따름입니다. '모두 사이좋게'라는 이념도 필요하지만, '마음이 맞지 않는 사람과 공존하는' 방법을 가르치는 것이야말로 오늘날의 현실이 요구하는 새로운 교육일 것입니다.

억지 관계는
상처를 만든다

아이들에 대한 이와 같은 교육의 방향성 잡기는 가정
에서도 필요합니다.

아이들이 집에서 "우리 반에 ○○라는 애가 있는데
엄청 짜증 나" 하고 얘기를 했다고 가정해 봅시다. 그
때 아이에게 "그 애한테도 좋은 점이 있을 거야. 상대
방의 장점을 보고 네가 먼저 사이좋게 지내려고 노력

하면 반드시 친해질 거야" 하고 조언한다면 이는 얼핏 마음이 넓은 어른의 의견처럼 보입니다. 그런데 이 이 상적인 말대로 서로 친해지면 좋겠지만, 현실적으로 그렇게 되기는 힘들 수도 있지요. 이럴 때는 "만약 마음에 들지 않는 아이가 있으면 거리를 두고 부딪치지 않도록 하렴" 하고 말해주는 편이 더 좋다고 봅니다.

이것은 결코 '냉정함'이 아닙니다. 억지로 관계를 맺으려고 하면 서로 상처를 입기 때문입니다. 철학자 프리드리히 니체Friedrich Nietzsche는 이렇게 말했습니다.

"사랑할 수 없을 때는 지나치시오."

굳이 가까이 접근해 생기는 위험은 피한다는 발상 이 필요합니다.

니체는 '허무주의'로 유명하지만, 한편으로는 '원망 ressentiment'에 초점을 맞추어 사유를 전개한 철학자입니 다. 여기서 원망이란 '한恨, 반감, 질투' 같은 누구나 품을 수 있는 '부정적인 감정'을 말합니다.

　누구나 일이 잘되지 않거나 세상 사람에게 인정을 받지 못할 때, 자기의 능력 부족을 반성하기보다는 종종 이 세상이 틀려먹었다고 생각하거나 성공한 사람들을 시기합니다. 그런 감정을 자각하고 어떻게 '넘겨버릴지' 생각하는 것이 중요합니다. 인간은 늘 원한에 사로잡히곤 하는데 어떻게 그것을 극복할 수 있을지, 니체는 이 문제에 실마리를 주는 철학자입니다. '넘겨버린다'는 발상은 매우 중요합니다.

힘들 때는
선을 그어도
괜찮다

우리는 자기가 못하는 일을 거뜬히 해치우는 사람, 자기보다 잘생기거나 남에게 사랑받는 사람을 보면 속이 시끄러워지면서 마음을 잡지 못하기도 합니다.

사람이 살아가는 동안 원한에 빠지는 순간은 셀 수 없이 많습니다. 삶에 필요한 부정적 감정인 원한은 인간의 본질이 담겨 있습니다. 원한은 누구에게나 일어날 수 있는 감정입니다. 그러나 원한에 지나치게 사로 잡히거나 계속 사로잡히기만 하면 결국에는 자기 자 신의 '삶'에서 가능성을 박탈해 버릴 수도 있습니다. 그렇기 때문에 원한에 계속 사로잡히지 않는 일이 중 요하지요.

　실연을 당해 우울한 기분을 떨치지 못하고 상대에 게 계속 집착하면 스토커가 됩니다. 좋아하는 타자에 게 자신의 진심을 부정당하면 누구나 실의에 빠지고, 더 나아가 원망하는 마음도 품을지 모릅니다. 그러나 어떻게든 그 상태에서 빠져나오지 못하면 인생의 다 음 단계에서 결실을 맺기란 어렵습니다.

　최근에는 성적이 우수하거나 용모가 뛰어나 눈에 띄는 학생이 집단 따돌림의 표적이 되는 일이 늘어났 다고 합니다. 남에게서 '탁월한 자질'을 보고 나서 자 기에게는 뛰어난 무언가가 없다고 느낀 아이들의 원 한이 이 같은 현상의 원인이라고 볼 수 있습니다.

　원한의 감정에 갇혀 있을 때는 '나는 나, 남은 남' 하고 선을 긋는 사고방식이 도움이 됩니다. '나와는 관계없잖아'라고 자신을 떼어놓는 것이지요. 한편 '관계를 맺자'라고 달려들면 이야기가 헝클어집니다.

　'우리 반은 하나, 모두 함께'라는 환상이 지나치게 강하면 남들과는 조금 달라 보이는 아이가 원한의 표적이 되어버릴 수 있습니다. 운동회나 축제 같은 학교 행사가 있을 때 하나의 목적을 위해 한정된 시간 안에 단결해 열심히 활동하는 것은 물론 바람직한 일입니다. 하지만 평소에는 교사와 어른들이 학생들에게 '지나치게 친밀한 관계를 권장하지 않는' 태도를 견지하는 것이 중요하다고 생각합니다.

적절한 거리는
사람에 따라 다르다

'친밀한 관계로부터 일부러 거리를 두는 것', 즉 거리 감은 매우 중요하다고 계속 이야기해 왔습니다. 그러면 사람과 사람 사이의 거리감은 어떤 식으로 파악하면 좋을까요?

사이좋게 잘 지내는 관계는 거리 감각이 서로 일치하기 때문에 딱 알맞은 관계인 것입니다. 어딘가 삐걱

거릴 때는 거리 감각이 서로 어긋나거나 방향이 다를 때입니다.

한 여제자의 체험을 예로 들어보겠습니다. 그녀는 고등학교 때 사귀던 남자 친구가 있었습니다. 어느 날 갑자기 그녀는 남자 친구에게 "우리 관계는 미적지근해서 사귄다는 기분이 안 들어" 하는 말과 함께 이별을 통보받았습니다.

엄청난 충격을 받은 그녀는 그때 비로소 '나는 다른 사람에 비해 인간관계에 거리를 두어야 편안하게 느끼는 성격이구나…' 하고 깨달았다고 합니다.

상대적으로 인간관계에 거리를 더 두는 자신의 성격을 좀 더 일찍 분석했더라면, 갑작스러운 이별 통보를 받지 않았을지도 모릅니다.

이번에는 제 이야기를 예로 들어보지요. 저는 대학에서 학생 몇 명과 세미나를 진행하고 있습니다. 졸업 논문을 쓸 때는 학생 개개인에 따라 적절한 거리감을 두고 논문을 지도합니다. 강의 형식으로 진행하는 통상적인 수업이라면 일방통행에 가깝기 때문에 선생과 학생의 거리는 일정합니다. 말하자면 중학교나 고등학교 수업의 연장이나 마찬가지이지요.

그러나 세미나에서 지도할 때는 개별적인 대응이 필요해집니다. 특히 저희 대학은 비교적 선생과 학생의 거리가 가까운 편입니다. 세미나 시간에도 만나고, 그 밖의 시간에도 상담을 하고, 졸업논문도 함께 완성합니다. 따라서 학생마다 어느 정도의 거리로 대해야 하는가는 교수가 고려해야 할 중요한 일입니다.

예를 들면 연구실로 부르는 빈도 문제도 중요합니다. 졸업논문을 쓰는 동안에는 저마다 논문 주제 때문에 생각이 막히기도 하고 혼란을 겪기도 합니다.

그러므로 학생에게 어느 시점에 어떤 느낌으로 도움말을 들려주어야 가장 효과적인지는 사람에 따라 다릅니다.

아무튼 지도 교수의 역할 중 가장 중요한 것은 세미나에 참여하는 학생들이 각자의 능력에 맞는 논문을 쓰도록 이끄는 일입니다. 학생들의 동기 부여가 약해지거나 고민에 빠져 제자리걸음을 하지 않도록 정신 건강까지 챙겨야 합니다. 이때 학생들을 일괄적으로 똑같은 방식으로 대해서는 당연히 안 되겠지요.

자기 나름대로 능력을 발휘할 수 있도록 격려함으로써 "논문을 쓰는 일은 괴롭지만 즐겁기도 하군요" 또는 "선생님, 이 주제로 논문을 쓸 수 있을 것 같습니다" 같은 말을 듣고 싶습니다. 그래야 저도 지도하는 보람을 느끼면서 뿌듯한 마음으로 "그래? 열심히 해보게"라고 말할 수 있겠지요.

이런 관계로 나아가기 위한 관계의 거리는 사람마다 조금씩 다른 법입니다.

그렇게 생각하면 '역시 같은 세미나에 참여하는 선생과 학생이라도 각자 원하는 것이 다르고, 필요한 거

리도 다르구나. 사람이란 다 똑같지는 않은 법이구나'
하는 것을 잘 알 수 있습니다.

우리는 살아가면서 마음이 맞지 않는 사람, 자기가 좋아하지 않는 사람을 만날 수밖에 없습니다. 그런 사람들과 평화롭게 공존할 수 있는 능력을 길러야 합니다.

사이가
달라도
평화롭게
함께하는 법

인간관계를
두 종류로
나눈다면

이제까지 살펴본 내용들을 통해 타자와 거리 감각에 대해서는 생각이 좀 정리되었겠지요.

그러면 다음 주제로 나아가기 위해 실천적인 핵심어를 제시해보겠습니다. 그것은 바로 '규칙 관계'와 '정서 공유 관계'입니다.

얼굴을 맞댄 상황, 조직, 집단 같은 여러 단위의 인

간관계를 규칙 관계와 정서 공유 관계로 나누어 살펴보면, 서로 얼마나 거리를 두어야 적절한지 생각하기 쉬워집니다.

규칙 관계란 타자와 공존할 때 서로 최소한 지켜야 하는 규칙을 기본으로 성립하는 관계입니다. 오늘날 학교와 학급은 규칙 관계를 기본으로 생각해야 하는 곳이 되었습니다.

아까 언급한 바와 같이 공동체적인 유대가 강할 때 '친구 100명을 사귈 수 있어' 하는 관계가 전제로 삼는 것이 바로 정서 공유 관계입니다. 모두 같은 정서를 느끼고, 비슷한 생각과 감각으로 다 함께 노력하자는 것입니다. 지금까지 이것이 학급과 학교를 운영하는 핵심적 사고방식이었습니다. '우리는 똑같이 생각하고, 똑같은 가치관을 공유하고, 똑같은 일로 울거나 웃을 수 있을 만큼 끈끈하게 이어져 있는 일심동체야' 같은 느낌입니다.

그러나 현대의 학교는 정서 공유 관계에만 의존할 수 없습니다. 규칙 관계를 제대로 확립하고 서로 지켜야 할 범위를 정해야 합니다. 현실 사회와 마찬가지로 학교에서도 '이런 일을 해서는 안 돼'라는 규칙을 공유함으로써 관계를 성립시켜야 합니다.

규칙과
거리가
중요한 관계

집단 따돌림이라는 행위는 인간관계의 기본에 비추어
볼 때 명확하게 규칙 위반입니다. 따라서 규칙을 위반
해서는 안 된다는 것을 철저하게 알려야 합니다. 다시
말해 교사는 규칙 관계를 바탕으로 옳고 그름을 판단
해야 합니다. '모두들 사이좋게'라는 정서 공유 관계
만 내세운다고 해서 문제가 풀리는 것은 아닙니다. 집

단 따돌림을 당하는 사람은 혼자서 괴로워하지만 말고 누군가의 도움을 구해야 합니다. 만약 담임교사가 믿음직스럽지 못하다 해도, 규칙을 기준으로 시비를 가리고 자기를 이해해 줄 어른이 반드시 있을 테니까 절망하지 마세요.

규칙 관계의 토대를 쌓는 동시에 정서 공유 관계도 얻을 수 있는 경우가 가장 이상적입니다. 거꾸로 말하면, 학교는 더 이상 정서 공유 관계를 간단하게 실현할 수 있는 곳이 아닙니다.

이것은 결코 비관적으로 뒷걸음치는 견해가 아니라 오히려 그 반대입니다. 3장에서 기술한 것처럼 '모두 사이좋게 지내야 한다'라고 공동성을 강제하는 사고방식은 정서 공유 관계만을 전제한 생각에서 비롯됩니다.

자기와 성격이 맞지 않는 사람들이 있는데도 '다 함께 사이좋게 지내야 한다'는 지나친 믿음 때문에 고통스러워하는 경우가 많습니다. 규칙 관계를 전제로 생각하면 사이가 좋든 좋지 않든, 서로 평화롭게 공존할 수 있습니다. 이런 방향으로 발상을 전환해 가야 합니다.

어른이 되기 위해
해내야 하는 과제

이를테면 직장에서 정서 공유 관계만 추구하면 안 된다는 것은 명백합니다. 직장은 성과를 내기 위한 목적 집단입니다. 직장에는 조직마다 규칙이 있고, 규칙에 따라 의사소통이 이루어집니다. 그러나 규칙만 공유하는 관계는 삭막할 뿐 아니라 업무의 효율도 오르지 않습니다. 정서 공유의 강도가 높아야 조직으로서도 생기가 돕니다.

하지만 기본적으로 규칙 공유 관계가 성립하지 않은 곳에서 정서 공유의 측면만 추구해도 문제가 되겠지요.

이 두 가지는 분명 겹치는 면이 있지만, 원칙적으로는 구별해서 생각해야 합니다. 이것을 섞어서 생각하면 혼란스러워집니다.

아무리 마음이 맞는 부하와 상사라도 어느 정도는 거리를 두고 상사로서, 또 부하로서 관계를 맺어야 하고, 그것을 바탕으로 함께 일을 해야 합니다. '저 사람은 마음에 들지 않으니까 일을 시키지 말아야지', '저 사람과 같은 부서에 있기 싫어' 같은 상태로는 제대로 일을 할 수 없습니다. 정서 공유 관계는 긍정적인 측면뿐 아니라 부정적인 감정도 내포하고 있으니까요.

규칙 관계와 정서 공유 관계를 구별해 생각하기, 경우에 맞게 분별할 수 있는 태도 갖추기. 이것이 어른이 되기 위해 해내야 하는 가장 중요한 하나의 과제라고 생각합니다.

    고등학생 무렵부터 조금씩 이 두 가지의 차이를 의식하기 시작하고, 스무 살이 지나면서부터 상황에 따라 '지금 여기에서는 어느 쪽 관계를 더 우선시해야 할까?'를 판단할 수 있다면, 어느 정도 어른에 가깝다고 볼 수 있지 않을까요.

규칙은
자유를 위해 있는 것

"규칙은 중요하다"는 말을 하면 반드시 한쪽으로 해석이 기울어집니다. '윤리적으로 제어하려 한다', '규범적 가치관을 강요한다' 등 '관리의 강화'를 이야기하는 방향인 것처럼 오해받습니다. 규범의식을 높인다는 표현으로 바꾸어 말하면, 마치 도덕적으로 예의 바르고 착한 아이로 기르자는 주장으로 이해하는 경우도 있습니다.

규칙을 소중하게 여긴다는 발상은 규칙을 늘리거나 자유의 폭을 제한하는 방향을 연상시키기 쉽지만, 제가 하려는 말은 그런 것이 아닙니다. 오히려 정반대이지요.

규칙이란 될수록 많은 사람에게 가능한 한 많은 자유를 보장하기 위해 필요한 것입니다. 가능하면 많은 사람이 최대한의 자유를 얻기 위해 마련한 것이 규칙입니다. 규칙이란 '이것만 지키면 나머지는 자유'라고 할 수 있을 정도로 '자유'와 쌍을 이루고 있습니다.

뒤집어 말하면, 자유는 규칙이 없으면 성립하지 않습니다.

'무엇이든 마음 내키는 대로 해도 좋다'는 것이 자유라면 이 세상은 엉망진창이 되어버립니다. 인간은 대체로 자신의 이익을 최우선으로 여기는 경향이 있습니다. 자신의 이익만 생각하는 힘센 사람이 자유를

누린다면. 다수의 인간으로 이루어진 사회는 자유를
잃어버릴 것입니다. 한 사람만 자유롭고 나머지 사람
들은 모두 부자유스럽겠지요. 규칙의 공유성이 있기
때문에 자유는 성립합니다.

토머스 홉스Thomas Hobbes의 '사회 계약론'을 떠올려
봅시다.

인간이 살아가는 일의 본질은 자유이자 욕망의 실
현입니다. 규칙은 각각 사람들이 욕망을 실현하기 위
해 필요한 최소한의 도구입니다.

욕망을 100퍼센트 실현하는 일은 어렵습니다. 그러
나 10퍼센트, 20퍼센트 정도 자신의 자유를 억제하고
대등한 입장에서 규칙을 지켜야만 사회 구성원 전체
가 자유를 실현할 수 있습니다. 그렇게 한다면 나머지
욕망은 거의 대부분 보장받습니다. 그것이 규칙의 본

홉스가 주장한 사회학 이론. 홉스는 인간은 자기 보존의
욕구를 추구하는 이기적인 존재이며, 자연 상태는 '만인
의 만인에 대한 투쟁' 상태와도 같다고 보았다.

질임을 이해하기는 꽤 어렵습니다.

　교통 규칙을 예로 들어보면, 아무리 서둘러야 할 때
에도 빨간 신호등 앞에서는 반드시 정지해야 합니다.
표면적으로는 '빨리 목적지에 도착하고 싶다'라는 욕
망이 제한당하는 것처럼 보이지만, 욕망을 어느 정도
억제함으로써 누구나 안전하고 확실하게 사고를 당하
지 않고 훨씬 빨리 목적지에 도착하는 것이지요.

　그리고 '질서'는 결과적으로 최소한의 규칙을 서로
지키는 가운데 확립됩니다. 질서 정연함 자체를 목적
으로 삼으면 사람들은 더 많은 자유를 억제하고 더욱
부자유스럽게 살아가야 합니다.

누군가를
괴롭히면
안 되는 이유

사회의 규칙 중 가장 중요한 것은 사회마다 조금씩 다를 것입니다. 그렇지만 어느 사회에서나 공통으로 중요하게 여기는 규칙이 있습니다. 그것은 바로 '훔치지 말라, 죽이지 말라'는 원칙입니다.

　이 둘은 사회 구성원 각각의 생명과 재산을 서로 존중하기 위한 규칙입니다.

왜 그럴까요? 만약 자기 기분에 따라 멋대로 사람을 죽여도 된다면 자기도 언제 죽임을 당할지 모르기 때문입니다. 따라서 '죽이지 말라'는 결국 자신이 안전하게 살아가기 위한, 즉 생명의 자기 보존을 위한 규칙입니다. 딱히 세상을 위한 규칙, 남을 위한 규칙이 아닌 것이지요.

'훔치지 말라'도 마찬가지입니다. 남의 것을 훔쳐도 되는 사회에서는 자기의 소유물과 재산이 언제 도둑맞을지 모릅니다. '죽이지 말라'를 지키지 않는 상황과 마찬가지로 매우 불안정한 상황이 될 것입니다. 그러므로 사회 구성원이 최소한 지켜야 할 '훔치지 말라, 죽이지 말라'는 규칙은 '어지간한 일이 없는 한 함부로 위해를 가하지 말고, 서로를 위해 사적인 영역이나 재산을 존중하자'는 계약입니다.

이러한 관점으로 '집단 따돌림' 문제를 다시 생각해보면, 누군가를 따돌리고 괴롭히는 일은 언젠가 자신이 따돌림을 당할지도 모른다는 위험한 상황을 스스로 만드는 것이나 다름없습니다.

집단 따돌림의 가해자와 피해자로 나뉘는 것은 단지 그때그때 힘의 관계에 달렸을 뿐, 언제 역전될지 알 수 없습니다. 무의미하게 타인을 정신적, 신체적으로 해치지 않는 것은 자기 몸을 지키는 일, 자기 자신이 안심하고 살아갈 수 있는 일과 직결됩니다.

단순히 '집단 따돌림은 나쁜 짓이고 비겁한 짓이야', '다 같이 사이좋게'라는 규범의식만으로 집단 따돌림은 없어지지 않습니다. '자기 몸의 안전을 지키기 위해 다른 사람 몸의 안전을 지키자'는 실리주의적인 사고방식도 학교 교육 과정에 어느 정도 도입해야 한다고 생각합니다.

인류의 역사를 보더라도 자연 상태에서는 물리적인 힘을 갖춘 쪽이 '죽이고 훔치는' 법입니다. 그런 상태가 오래 지속되면 세상이 안정을 잃고 혼란스러워지

기 때문에 현자들은 옛날부터 어떻게 하면 좋을지 생
각해왔습니다. 그래서 나온 결론이 바로 이런 해답인
것이지요.

"남을 죽이지 않고 남의 것을 훔치지 않는다는 규
칙은 남에게 죽임을 당하지 않고 내 것을 도둑질당하
지 않는 것을 보장하기 위해 필요하다."

안타깝게도 '죽이고 훔치는 것은 인간이 할 짓이 못
된다'는 결론이 아니었습니다.

사이 좋지 않은 사람과
함께 있어야 한다면

애초에 반 전체가 사이좋게 지내고 모두 마음 맞는 친구가 되는 일은 현실적으로 불가능에 가깝습니다. 인간이기 때문에 아무래도 마음에 들지 않는 사람, 주는 것 없이 미운 사람이 있는 법이니까요. 어른도 대부분은 인간관계로 인한 고민을 끌어안고 있습니다.

화가 난다고 상대를 공격하면 점점 더 스트레스가

심한 환경이 조성되고, 자신에게 돌아올 위험도 커집
니다.

그러므로 3장에서 강조한 '공존성'이라는 사고방식
이 참 중요합니다. 화가 나서 판단력이 흐려진다면 서
로의 존재를 보지 않도록 하거나 같은 공간에 있더라
도 서로 거리를 두도록 노력하는 수밖에 없습니다.

노골적으로 무시하는 태도를 드러내는 것도 공격과
같은 의미를 띤다는 점은 주의해야 합니다. 아침에 복
도나 교실에서 눈이 마주치거나 하면 최소한 인사는
해둡시다. 어디까지나 자연스럽게 '거리를 두려는' 의
도로 말입니다.

다시 말해 '친한 사이', 혹은 '적의를 품은 사이'의
양자택일이 아니라 '태도 유보'라는 중도 노선을 선택
한다는 것입니다.

열대 지역 사바나의 샘물 근처에 온갖 동물이 공간
을 평화롭게 공유하는 장면을 텔레비전에서 본 적이

있을 것입니다. 홍학이나 얼룩말이 같은 장소에 있으면서도 서로 무관심한 태도로 함께 물을 마시곤 하지요. 그런 광경을 떠올리면 '공존성'의 이미지가 쉽게 다가올 것입니다.

규칙은
최소한으로,
융통성 있게

규칙에 대해 조금 더 보충해 보겠습니다.

무엇이든 '규칙'을 외치며 칭칭 얽어매는 것도 효과적이지 않습니다.

규칙을 정할 때는 최소한 이것만큼은 꼭 필요하다는 것만 추려내야 합니다. 즉 '규칙의 최소성'을 끊임없이 의식하는 것이 중요합니다.

한 예를 들어볼까요. 문과 계열의 동아리 멤버인 한 학생이 있었습니다. 그는 "오늘도 동아리 모임이 있네요"라며 진절머리가 난다는 표정을 지었습니다. 동아리의 회칙을 논의하는 일이 결론 단계에 들어섰다고 합니다.

대학 동아리는 역사가 길어질수록 규칙이 점점 늘어나는 듯합니다. 그 학생의 동아리도 규칙이 지나치게 불어나 속박이 심해진 것 같았습니다. '옛날 선배들은 이렇게 했다'는 사례에 얽매여 있기 때문에 서로 논의하는 것만으로도 피곤하다고 했습니다.

제가 어떤 식으로 논의하고 있느냐고 물었더니 이렇게 대답했습니다.

"선배들이 물려준 규칙을 어떻게 지킬 것인가? 최근에 들어 기강이 해이해진 것이 아닌가? 이런 것들을 논의하고 있습니다."

이 말을 듣고 저는 이렇게 충고했습니다.

"이보게, 규칙이란 어떻게 하면 최소한으로 집약할 수 있느냐의 관점에서 논의해야 한다네. 지금까지 쌓여온 규칙 중 이것은 중요하고 이것은 필요하지 않다는 식으로 갈라내는 논의여야 하지 않을까?"

그 학생은 "아, 그런가요?" 하고 고개를 끄덕였습니다.

어느새 전통이 행동의 규범이 되어버리기 마련입니다. 이른바 전례前例입니다. "이 건은 전례에 따르면…"이라는 말은 구청의 어르신들이 할 법한 말이지만, 의외로 청소년들도 다르지 않습니다. '전례가 이러하니까 이렇게 하자, 옛날부터 선배들이 이렇게 해왔으니까 이렇게 하자'는 식으로 흘러갑니다. 무슨 일을 해도 재미가 없는 경우는 보통 전례에 얽매이기 때문이지요.

이럴 때 규칙의 최소성을 추구해야 합니다. 다시 말해 '무엇이 중요한 규칙인가? 이것만큼은 꼭 넣어야 하는 규칙은 무엇인가?'라는 시각에서 규칙을 선택하고, 모든 구성원이 그것을 반드시 지킵니다. 그리고 나머지는 될수록 폭넓고 융통성 있게 정합니다. 그렇게 해야 규칙 공유 관계를 더욱 효과적으로 구축할 수 있습니다.

또한 사람마다 규칙에 대한 감각이 다르다는 점을 이해해야 합니다. 규칙을 지키는 데 저항감이 없는 사람, 나아가 규칙을 지키는 것 자체에 기쁨을 느끼는 사람이 있는가 하면, 규칙에 얽매이는 것을 매우 싫어하는 사람도 있습니다. 별 의미 없이 규칙을 늘려나가면 집단이나 조직 전체의 동기 부여가 저하하고 이탈하는 사람도 함께 늘어납니다. 그러다 보면 중요한 규칙조차 지키지 않는 상태에 이르고 말지요. 규칙을 정하는 입장에 놓인 사람은 유연한 균형감이 필요합니다.

성격이 잘 맞지 않는 사람들과도 '모두가 친하게 지내야 한다'는 과도한 기대 때문에 힘들어하는 일이 흔하게 일어납니다. 그러나 규칙 관계에 기반해 바라보면, 친하든 아니든 서로 평화롭게 함께 지낼 수 있습니다.

선생님은
친구가
될 수 없다

훌륭한
선생님이 되기란
쉽지 않은 일

5장에서는 대등한 친구 관계보다는 교사와 학생이라는 비대칭적인 상하 관계에 초점을 맞추려고 합니다.

독자 중에는 나중에 이상적인 교사가 되고 싶다고 생각하는 사람도 있겠지요. 또한 앞으로 자식을 낳으면 보호자의 입장에서 교사와 만날 사람도 많을 것입니다.

저는 교육대학에서 강의를 하고 있는데, 장래에 교사가 될 학생들에게 "반드시 학생의 기억에 남을 훌륭한 선생님이 되려고 할 필요는 없다"라고 말합니다.

학생 중에는 "훌륭한 은사님을 만난 덕분에 교사의 길을 선택했다"고 말하는 사람이 꽤 있습니다. 그래서 자신도 그런 선생님이 되고 싶다고 하면서요.

잊히지 않는 훌륭한 선생님을 만났다는 것은 분명히 행운입니다. 그렇지만 학생들의 이야기를 찬찬히 들어보면, 유감스럽게도 잊히지 않는 고약한 선생님을 만난 사람이 수적으로 더 많습니다.

그러면 왜 저는 찬물을 끼얹으려는 듯, "반드시 학생의 기억에 남을 훌륭한 선생님이 되려고 할 필요는 없다"는 말을 들려주려고 할까요?

제 생각에는, 교사가 학생의 기억에 남으려고 노력할수록 학생에게 지나치게 정신적으로 관여하거나 자신의 신념을 강요할 우려가 있습니다. 따라서 학생의 마음에 남으려고 굳이 무리하게 애쓸 필요는 없습니다. 그런 경우는 어디까지나 결과적으로 행운의 결과쯤으로 생각해야 합니다.

교사는 일반적으로 학생들에게 스쳐 지나가는 존재로 여겨지는 것이 딱 좋다고 생각합니다. 자기가 담당했던 많은 학생 중 하나의 머릿속에 퍽 운이 좋게도 '아, 이 선생님을 만난 것은 행운이었어' 하고 기억에 남았다면, 만루 홈런처럼 더는 바랄 것 없는 행복으로 여기면 그만입니다.

하지만 가족을 비롯한 세상 사람들 모두 교사에게는 완벽한 인격과 자질을 요구하곤 하는데, 모든 교사가 설리번 선생 같은 교사가 되어야 하는 듯이 이야기하는 것은 옳지 않습니다. 청춘 드라마에 나오는 선생님처럼 되기 위해서는 학생의 내면을 제멋대로 주물러야 하는데, 이는 대단히 위험한 일이지요. 저는 학생들에게 이 점을 똑똑히 알려주고 싶습니다.

　최소한 '저런 선생은 되고 싶지 않다' 같은 부정적
인 방식으로 기억에 남는 교사, 학생의 의식에 평생
지워지지 않을 만큼 혐오스러운 기억을 남기는 교사
가 되지 않는 것이 본질적으로 중요합니다.

서로
이해할 수 있다는
환상

오늘날 학교에 다니는 아이들의 다양한 문제는 이른
바 '성선설'만으로 해결하기 어렵다고 생각합니다. 즉
'모두 착한 아이들'이라는 생각으로는 문제를 풀 수
없습니다.

어떤 아이라도 진지하게 대해주면 마음을 연다고
하는데, 그것은 지극히 운이 좋은 경우입니다. 이것

역시 만루 홈런을 노리는 발상에 불과합니다. 언제나 홈런을 칠 수는 없는 노릇이지요. 교사는 땅볼이라도 안타를 여러 개 치는 방향을 지향해야 합니다.

서로 이해할 수 없다고 여겨질 때는 거리를 두면 됩니다.

교사에게는 기본적으로 학생에게 이해받지 못해도 괜찮다는 각오가 필요합니다.

교사가 진정으로 해야 할 일은 학생들에게 자신의 뜨거운 열정이나 교육 방침을 주입하는 것이 아닙니다. 자기가 맡은 학급이 하나의 사회로서 최소한의 규칙을 지킬 수 있도록 학생들을 지도하는 것이지요.

이를테면 집단 따돌림으로 자살하는 아이가 나오는 학교를 우리는 어떤 식으로 해석할 수 있을까요? 그것은 생명의 안전을 보장받지 못하는 곳으로 아이가 매일 등교해야 했다는 뜻입니다. 마치 아이에게 전쟁터로 가라고 한 것과 다를 바 없습니다. 기가 막힌 노릇입니다.

아이가 생명의 불안을 느끼면서 등교하는 일은 사회적으로 용납될 수 없습니다. 그런 일이 일어나지 않도록, 교사는 무엇보다 먼저 학교라는 공간에서 최소한의 규칙을 유지하고 관리해야 합니다. 아무리 학교가 재미없는 곳이라고 해도 그곳에서 위해를 당하지 않는다는 보장은 당연히 있어야 합니다. 그 보장은 교사가 책임져야 할 최소한의 역할입니다.

그런 의미에서 생명을 위협받는 상태, 이른바 '집단 따돌림'이라는 말로는 차마 표현할 수 없는 심적, 육체적 폭력이나 상해 사건이 학교 및 학급에서 일어나는 것은 단연코 저지해야 합니다. 최소한의 공존이 이루어지도록 규칙성을 담보하는 것이 교사의 임무입니다. 그 임무를 다하고 나서 학생들에게 존경과 경애의 마음을 받을 수 있다면, 그것은 횡재이고 행운이겠지요.

선생님의
영향력에도
한계가 있다

학교는 개성 있는 아이를 길러내는 곳이 아닙니다. 평범
한 사회인이 되기 위한 기초 능력을 기르는 곳입니다.

　개성적인 인간, 특히 나중에 '천재'라고 일컬어지며
걸출한 능력을 발휘하는 사람은 의식적으로 개성적인
인간이 된 것이 아닙니다. 있는 힘을 다해 평범해지려
고 해도 어쩔 수 없이 역량이 흘러넘치기 때문에 개성

적인 인간인 것입니다. 그러므로 학교가 '학생들을 노벨상을 받는 인재로 키우자'라는 목표를 표방하는 것은 번지수를 잘못 찾았다는 생각이 듭니다.

개성적인 아이는 스스로 튀게 행동하려는 생각이 없습니다. 본인은 평범하게 행동하려고 하는데 평범해지기는커녕 남다른 재능이나 선천적인 능력이 흘러나옵니다. 오히려 자신의 개성을 콤플렉스로 여기기 쉬운 경우도 있습니다. 게다가 진정한 개성은 단순한 방식으로 파악할 수 없는 법입니다. 2차 대전 이전의 획일화된 교육을 통해서도 천재는 수없이 나왔습니다.

만약 개성적이고 천재성을 지닌 아이가 있다면, '이 아이는 특수한 재능을 갖고 있구나' 하고 꿰뚫어 보는 역량이 교사에게 필요합니다. 그렇지만 천재를 발굴해 천재로 키우자는 이야기는 좀 다릅니다.

오히려 교사가 할 일은 개성적인 천재가 사회적 생활을 영위할 수 있도록 보살피는 것입니다. 천재는 종종 보통 사람과 다르기 때문에 사회적으로 개성을 인정받지 못하는 경우가 있습니다. 그렇기 때문에 그 아이가 잠재적으로 갖고 있는 능력이 훼손되지 않도록 사회생활을 위한 최소한의 규칙을 가르치거나 도움을 주는 것이 교사의 임무입니다.

기본적으로 교사는 아이의 내면까지 관여할 필요가 없습니다. 교사는 학생의 모든 것에 관여하지 않아도 됩니다. 심지어 때로 관여해서는 안 되는 부분도 있습니다.

교사이기 때문에 학생의 인격에 영향을 미쳐야 한다고 생각하기 쉽습니다. 하지만 그렇게 적극적으로 생각하지 않더라도, 교사라는 존재 자체가 학생의 내면에 상당한 영향을 미칩니다. 학생에게 가장 커다란 영향력을 지닌 '교육 환경'은 교사라는 존재입니다. 특정한 선생님으로부터 배웠기 때문에 이 과목이 좋아지거나 싫어지는 일은 흔하기도 하지요. 교사는 학생과 접촉하는 한 무색무취일 수 없습니다.

그러나 뒤집어 말하면 학생의 인격 형성까지 교사가 책임지는 일은 불가능합니다. 담임을 맡는다고 해도 기껏해야 1년 내지 2년뿐이니까요. 학생을 평생 담당할 수는 없습니다.

다시 말해 교사는 자신이 끼칠 수밖에 없는 영향력의 크기와 자신의 영향력이 지닌 책임의 한계를 똑바로 인식하는 차분한 자세를 유지해야 합니다.

교사는 학생에게 완전히 이해받지 못하더라도 흔들리지 않는 태도를 가져야 합니다. 교사의 역할은 자신의 열정이나 신념을 학생들에게 강제로 주입하는 것이 아니라, 기본 규칙을 지키며 작은 사회인 학급이 운영되도록 이끌어주는 것입니다.

성숙한

어른이 되는 길

가족을
파악하는
두 가지 핵심어

이제까지 학교나 일반 사회에 대한 이야기를 했습니다. 그런데 청소년들이 성장해 어른이 된다고 생각하면, 삶의 중심에는 역시 가정이 자리하겠지요. 가정과 가족 관계를 둘러싼 문제는 매우 중요합니다.

가족의 '유대'를 다시 생각해 보는 일도 '친밀함'이나 '친밀성'의 본질을 고찰하는 데 꼭 필요합니다. 6장에서는 가족의 문제를 이야기하겠습니다.

사회학에서는 가족을 '원가족'과 '생식 가족'으로 나누어 파악합니다.

원가족이란 family of orientation을 번역한 말입니다. orientation, 즉 인간으로서 '방향 결정'이 이루어지는 가족을 말합니다. 평이하게 말하면 자기가 태어난 가족을 의미하지요.

생식 가족의 원어는 family of procreation입니다. procreation은 출산, 생식이라는 뜻입니다. 즉 새로 결혼해서 자식을 낳아 기르는 가족을 말합니다.

한마디로 인간은 태어나서 결혼하면 두 종류의 가족을 경험하는 셈입니다. 하나는 부모의 자식으로 태어나 버릇을 들이고 교육을 받는 원가족이고, 또 하나는 자신이 선택적으로 꾸려가는 생식 가족입니다.

자신이 태어나 지금까지 가족(원가족)과 맺어온 관계는 유년기, 사춘기, 청년기에 걸쳐 조금씩 변해갑니다. 이 점을 잘 생각해 보기 바랍니다. 관계가 변화해 가기 때문에 그때마다 현재의 관계를 다시 파악하지 않으면 가족 관계에 대한 왜곡과 굴절이 나타납니다.

부모는 물론 아이의 변화에 주의를 기울일 필요가 있습니다. 양쪽 다 양호한 관계를 유지하기 위해서는 서로 관계의 변화를 다시 살펴보고, 현재 가장 알맞은 관계로 맞추어 갈 필요가 있습니다.

그때 생각해야 할 핵심어가 1장에서 말한 '타자' 또는 '타자성'입니다.

'타자=자기 이외의 모든 인간'이라는 규정이 2장에서 제가 제시한 타자의 본질적 성격이었습니다. 그렇지만 부모 자식 관계는 이 규정에 곧이곧대로 적용할 수 없습니다. 부모 자식 사이에 아이가 태어났을 때 타자성은 완전히 '0'이기 때문입니다.

갓난아기는 엄마와 같은 양육자의 보호가 없으면 무력한 존재입니다. 그러므로 부모, 특히 글자 그대로 자기의 신체 일부분을 떼어내어 아이를 낳은 어머니에게 '타자성'을 지닌 존재의 아기를 의식화하기는 어려울지도 모릅니다.

그러나 앞으로 살펴보겠지만, 부모를 향해 아이는 조금씩 타자성을 띠어갑니다. 이 점을 인정하지 못하면 나중에 부모 자식 관계가 어그러질 염려가 있습니다. 과보호, 지나친 간섭, 과도한 의존을 비롯해 이른바 '부모 곁을 떠나 독립하지 못하는 문제, 자식을 독립시키지 못하는 문제'의 원인도 여기에 있겠지요.

결국 부모 자식은 '타자성 0'에서 시작해 점차 조금씩 타자성을 서로 인정하는 방향으로 나아갈 수밖에 없습니다.

부모와
자녀가
부딪치는 사춘기

자식이 사춘기에 접어들면 부모와 부딪치는 문제가 생기곤 합니다. 요즘에는 다양한 경우가 나오고 있어 갈등의 종류를 한 덩어리로 묶을 수 없지만, 보통은 사춘기가 오면 아이들은 부모 말을 듣지 않기도 하고, 부모의 가치관에 의문을 품으며, 부모와 다른 가치 규범을 선택하기도 합니다. 이런 경향이 심하게 나타날

때를 '반항기'라고 합니다. 이는 아이가 부모로부터 자립하려는 마음, 즉 '자립 지향'을 갖기 시작하기 때문입니다.

그런데 부모는 자식을 향해 언제까지나 '품 안의 자식'이라는 심리를 갖고 있습니다. 특히 엄마는 그런 경향이 강합니다. 이것을 '포섭 지향'이라고 이름 짓겠습니다.

사춘기에서 청년기에 걸친 시기에 자식에 대한 부모의 포섭 지향과 부모에 대한 자식의 자립 지향이 부딪치게 됩니다. 이는 어떤 의미에서 부모 자식 양쪽에게 필요한 갈등이라고 봅니다.

이 시기의 갈등을 웬만큼 제대로 극복하지 못하면 부모 자식 관계가 걷잡을 수 없이 뒤틀리거나 오랫동안 관계가 악화하기도 합니다. 하지만 현명하게 잘 대처하면 그 후 관계를 좋은 모습으로 다시 형성할 수 있지요.

비유적으로 말하면 아이에게 부모는 '다단형 로켓' 같은 것입니다. 한 단계 진입할 때마다 바깥에 붙어 있는 연료통이 하나씩 떨어져 나가야 합니다. 맨 처음에는 강력한 추진력으로 제1단계 로켓을 쏘아 올립니다. 하지만 아이는 결국 자기 힘으로 나아가야 하기 때문에 여분의 연료 탱크는 단계적으로 분리됩니다.

육아에 관해 곰곰이 다시 생각해 보면, 특히 자식이 사춘기에 접어들 무렵 부모는 얼핏 보면 모순되는 기능을 수행해야 한다는 점을 알 수 있습니다. 즉, 부모는 아이가 자립할 수 있는 방향을 똑바로 보면서 신중하게 품을 들여 아이를 길러야 합니다. 아이를 자립시키기 위해 노력하는 것은 정반대의 방향성을 의식하면서 적극적으로 아이를 지도해야 한다는 뜻입니다. 꽤 어려운 일이지요.

그런데 이 부분에 대해 착각하는 부모도 있습니다. 아이가 초등학교 고학년이 되어 알아서 자기 일을 챙

기고 부모와 어느 정도 대등하게 커뮤니케이션을 하기에 이르면, '아, 이제 육아는 끝났다' 또는 '이 아이는 내 품을 떠났다'고 생각하는 사람이 적지 않습니다.

특히 딸아이를 둔 엄마가 그렇게 생각하는 일이 많습니다. 초등학교에서 중학교에 걸친 나이 때, 여자아이는 남자아이에 비해 정신적인 발달이 빠른 경향이 있으니까요. 키도 훌쩍 크고 신체도 발달하고 말도 잘하면 딸에게 무엇이든 의지하기도 하고, 말로 당해내지 못할 지경이면 더 이상 이 아이를 감당할 수 없다며 서글퍼하는 엄마도 있습니다.

그러나 사실은 그 나이에도 부모의 정신적인 보살핌은 여전히 필요합니다. 초등학교 고학년이나 중학생쯤에는, 말하는 것만 보면 꽤 조숙한 티가 나고 사리 분별이 또렷한 것 같지만, 내면으로는 아직 부모에게 기대고 싶다는 마음과 유아적인 시고가 남아 있습니다. 따라서 그 나이가 되면 부모는 그때까지 신경

쓰던 방식과는 다르게 아이를 대할 필요가 있습니다.

초등학교 고학년까지는 자립이나 타자성을 크게 의식하지 않고 애정으로만 대하는 것도 괜찮을지 모르지만, 그 이후 사춘기부터는 본인의 자립 지향을 그 나름대로 존중해야 합니다. 동시에 자립은 아직 먼 미래의 일이지만 아이가 나중에 튼튼하게 뿌리를 내린 자립적 존재가 될 수 있도록 아이를 정성스럽게 기르고 이끌어야 합니다.

한마디로 어른이 되기 위한 판단 능력, 타자와의 관계성을 만드는 능력을 키워나갈 수 있도록, 부모는 아이를 뒤에서 받쳐주고 지원하는 방식을 점점 더 고차원적으로 바꾸어 나가야 합니다. 아이가 입으로 내뱉는 표면적인 말이나 감정에만 주목하는 대신, 자기 아이가 어느 정도까지 성숙해 있는지 잘 판별하면서 아이를 뒷받침해야 합니다. 자녀가 초등학교 고학년부터 중학생에 걸친 시기에는 이런 일들이 필요합니다.

진정한
어른이
된다는 것

아이가 어른이 되는 과정에는 어떤 문제가 발생할까
요? 하나는 앞에서 이야기했듯 가족 관계의 문제가
있습니다. 또 하나는 어른이 된다는 것 자체가 어렵다
는 문제입니다. 청소년 독자들은 이 문제에 당장 직면
하고 있겠지요.

　도대체 어른이 된다는 것은 어떤 의미일까요?

주위에서 흔히 말하는 정의는 '경제적 자립'이고, 또 하나가 '정신적 자립'입니다.

경제적 자립에 대해 말하자면, 최근에는 이를 이루기에 어려운 점이 적지 않습니다. 학교를 나와 곧장 정규직으로 취직하는 일이 드물기 때문에 졸업 후 바로 경제적 자립을 이루기는 어려워졌습니다. 또한 교육 기간이 이전에 비해 월등하게 길어졌기 때문에 대학 진학은 물론 대학원 진학이 늘어났고, 경제적 자립을 이루지 못한 채 나이를 먹는 경우도 많아졌습니다. 옛날에는 고등학교 또는 중학교만 졸업해도 금방 경제적으로 자립한 사람이 꽤 많았지만, 오늘날에는 서른이 다 될 때까지 부모의 지원을 받는 사람도 적지 않습니다.

정신적 자립에 대해 말하자면, 요즘에는 아무리 나이가 들어도 정신적으로 어른이 되지 못하는 사람도 많습니다. 정신적 자립을 어떻게 정의하느냐에 따라 다르겠지만, 저는 '자기 욕구의 조절'과 '자기 행위에 대한 책임 의식'이 정신적 자립의 중요한 구성 요소라고 생각합니다. 이 두 가지를 성실하게 갖춘 어른은 소수에 불과할지도 모릅니다(실은 저도 이 점에 관해서는 자신이 없습니다).

세상 사람들이 자주 지적하는 이 두 가지 외에 어른이 되는 중요한 요소는 '인간관계를 받아들이는 방식의 성숙함'입니다. 친한 사람들이나 공적 조직 안에서 다른 사람과 관계를 맺고 일정한 역할을 부여받는 가운데 자기 나름대로 적절한 태도를 취하면서 타인과 접촉하고 유대감을 형성할 수 있느냐 하는 점입니다.

100퍼센트 완벽한 어른이 되기는 힘들겠지만, 단지 경제적인 자립만 지표로 삼아서는 곤란합니다. 정신적 자립, 나아가 인간관계를 받아들이는 방식의 성숙함에 대해 스스로 다시 검토해 보는 일이 중요합니다.

인간이라면
누구나
한계가 있다

어른이 되기 위해 반드시 필요한 것 가운데 학교에서
는 가르쳐 주지 않는 두 가지가 있습니다.

　하나는 아까 말한 '마음에 들지 않는 사람과도 공
존해야 한다'와 그러기 위한 방법입니다. 다른 하나는
'너에게는 한계가 있다'는 것입니다.

　인간은 살아가는 동안 적든 많든 한계와 좌절을 반

드시 겪기 때문에, 그것을 넘어서기 위한 마음가짐을 조금씩 길러둘 필요가 있습니다. 그런데 오늘날 학교에서는 '너희에게는 무한한 가능성이 있다'는 메시지만 강조합니다. '인간이라면 누구나 한계가 있다', '아무리 노력해도 성공하지 못할 때도 있다'고는 가르치지 않습니다.

아이들에게 상처를 주고 싶지 않거나 아이들은 무한한 가능성을 갖고 있다고 생각하기 때문일까요? 오늘날 학교에서는 옛날보다 더 경쟁을 최소한으로 억제하려는 분위기가 있는 듯합니다. 실제로는 학생들을 평가하면서도 겉으로 그것이 드러나지 않도록 애를 씁니다. 오늘날 사회는 옛날보다 극심한 경쟁이 난무하는 '평가 사회'인데도요.

이렇듯 학교와 사회가 어긋나 있기 때문에 청소년들은 사회생활로 뛰어들면 엄청난 온도 차를 체감합니다. 사람이 갑작스레 좌절과 한계를 느끼면 당황해서 어쩔 줄 모르겠지요. 학교에 있는 동안만이라도 사회의 모진 풍파를 피하게 해주고 싶다는 마음은 얼핏 보면 무척이나 아이들을 생각해 주는 듯하지만, 사실은 아이들의 장래를 올바르게 고려하지 않는 무책임한 태도라고 생각합니다.

졸업한 제 제자들도 학교와 사회의 온도 차에 대해 종종 이야기합니다. 따라서 학교를 통해서라도 어떤 인간이든 한계가 있다는 것, 앞으로 좌절을 느낄 때는 이렇게 하면 좋다는 것 등을 지식 또는 체험으로 가르쳐 주는 편이 낫지 않을까요. '무한한 가능성'만 강조하여 아이들의 자기 기대만 부풀려 놓아서는 안 된다고 생각합니다. 학교 교육뿐 아니라 가정교육도 마찬가지입니다.

이 문제와 관련해 늘 아이들에게 꼭 전하고 싶은 것이 두 가지 있습니다.

하나는 아무리 자기가 할 수 있다고 생각하는 일이

라도 세상에는 반드시 '뛰는 놈 위에 나는 놈이 있다' 는 것, 그리고 또 하나는 '어떤 활동 분야에도 있는 힘 껏 노력해서 일류가 되려는 사람과 그렇지 않은 사람 이 있지만, 활동 분야 자체에는 귀천이 없다'는 것입 니다.

공부를 잘해서 좋은 성적을 받거나 어떤 활동으로 뛰어난 평가를 받을 때는 물론 칭찬해 주는 것이 중요 합니다. 그러나 때로는 아이에게 세상에는 자기보다 훨씬 더 우수하고, 훨씬 더 노력하는 사람이 온갖 다 양한 분야에 걸쳐 엄청나게 많다는 사실을 가르쳐 주 는 것도 중요하다고 생각합니다.

아무리 좁은 세계라도 개의치 않고 무조건 1등이 되려는 마음이 강한 아이는 향상심이라는 좋은 특성 이 있는 반면, 자신이 1등이 되지 못하면 자기보다 뛰 어난 사람의 발목을 걸어 넘어뜨리려는 나쁜 성격으 로 기울어지기 쉽습니다. 공부를 잘하는 아이, 부모가

애지중지하는 아이, 얼굴이 예쁘장한 아이가 집단 따돌림의 표적이 되기 쉬운 것은 자신의 한계와 좌절을 알지 못하는 아이들, 또는 그것을 대강은 알고 있지만 인정하고 싶지 않은 아이들, 교육자 스와 데쓰지諏訪哲二의 말을 빌리면 '왕자병, 공주병에 걸린 아이들'이 늘어났기 때문일 것입니다.

그렇지만 어른이 되어감에 따라 여러 가지 좌절을 경험하면서 자신의 한계를 알기도 하고, 이 세상에는 자기보다 뛰어난 인간이 모래알처럼 많다는 것을 알게 되며, 본인이 생각하는 만큼 자기는 대단한 인간이 아니라는 것을 원치 않더라도 실감하곤 하지요.

이것을 저는 인생의 '쓴맛'이라고 부릅니다. 인생의 쓴맛을 견디지 못하고 원한의 수렁에 빠진 채 허우적거리는 인간은 되지 않기를 바랍니다. 어쩔 수 없이 인생의 쓴맛을 속속들이 맛볼 수밖에 없는 것이 어른의 세계입니다. 인생의 쓴맛을 맛보는 여유가 있어야

비로소 인생의 '단맛'을 자기 나름대로 즐길 수 있습
니다.

좌절 없는 인생은 존재하지 않지요. 아무리 우수할
지라도, 또 가정적으로나 경제적으로 유복한 환경을
타고난 사람으로 보일지라도, 반드시 좌절을 경험하
기 마련입니다. 만약 그렇게 보이지 않는다면 그것은
그가 자신의 좌절을 적절하게 처리해서 인생의 쓴맛
을 어느새 인생의 단맛으로 바꾸어 버렸기 때문입니
다. '사람이 살아간다'는 것은 그런 것이 아닐까요.

힘든 일을 해내고 기쁨을 느꼈을 때, 조직 안에서
스트레스를 받으면서도 괜찮은 평가를 받았을 때, 처
음에는 적성에 전혀 맞지 않는다고 생각한 일을 잘 해
냈을 때, '아, 내가 이런 일도 잘 해낼 수 있다니 의외
인걸' 하면서 미처 깨닫지 못한 자신과 만났을 때가
바로 그렇습니다. 이렇게 인생의 단맛은 인생의 쓴맛
뒤에 따라오는 법입니다. 한마디로 '쓴맛을 통해 맛볼

수 있는 맛'을 경험하기에 이르러야만 어른이 되었다
고 말할 수 있습니다.

좌절 없는 삶은 없습니다. 인생의 쓰라림을 받아들일 여유가 있어야만 그 달콤함도 온전히 느낄 수 있지요. 성인이 된다는 것은 인생의 즐거움뿐 아니라 고통까지 모두 겪어낸다는 의미입니다.

상처받기
쉬운 나와
연결되고
싶은 나

윗사람과
거리 지키기

벌써 10년도 더 지난 이야기인데, 당시 제가 근무한 대학에서 커뮤니케이션 이론을 담당한 선생님이 이런 말을 했습니다.

"요즘 아이들은 거리를 좁히고 친근해지면 갑자기 엉겨 붙어요. 노크도 하지 않고 연구실에 들어오기도 하고요. 그럴 때 '어라, 노크는 하고 들어와야지' 하거나 '지금 좀 바쁘니까 오피스 시간(교수가 방문 가능하다고 학생에게 미리 알려준 시간)에 와줄래?' 하며 약간 주의를 주면, 갑자기 거리감을 느끼고 연구실에 오지 않거나 말도 하지 않아요. 때로 '선생님은 제가 생각한 이미지하고 다르네요' 하고 말하기도 해요."

그녀는 미국 유학을 마치고 돌아왔기 때문에 더더욱 학생들의 극단적인 반응에 당황한 듯합니다. 다시 말해 요즘 청소년들은 어느 정도 규칙성을 공유하고 나서, 또는 선생과 학생이라는 관계를 의식하고 나서 친밀성을 형성하는 일에 서투른 것 같습니다.

지금 저는 복지 계열의 전문학교에서도 강의를 하고 있는데, 그곳에서 학생들을 대상으로 '고등학교 시절의 나와 지금의 나 사이에 변한 점은 무엇입니까?'에 대해 설문조사를 했습니다. 그랬더니 "고등학교 시절에는 선생님에게도 반말을 썼지만 지금은 존댓말로 바뀌었다"는 답변이 나왔습니다. "고등학생 때는 동아리의 코치에게만 존댓말을 쓰고 나머지는 다 반말이었다. 하지만 전문학교에 들어와서는 말투나 행동거지를 주의하는 편이고, 윗사람을 대하는 언행에 대해서도 예절을 배웠다"는 답변도 나왔습니다.

　이렇게 말하는 학생이 꽤 있는 것을 보면 고등학교 때까지는 아이들이 제멋대로 굴어도 거의 방치한 듯합니다. 집에서도, 또 학교에서도 어른들이 아이들에게 사회에 나갈 때 필요한 예의범절을 제대로 가르치지 않았다는 말이 되지요. 아이들이 가엾다는 생각마저 듭니다.

나와
너무 다른 사람과
사귀는 일

고등학교 시절까지는 정서 공유성이 높고 나이도 비슷하고 자신과 동질적인 작은 사회 속에서, 폐쇄적인 집단을 구성해 생활하는 사람이 많다고 생각합니다.

　그러나 학교를 졸업하고 사회에 나오면, 같은 속성의 집단 이외에도 다양한 세대의 다양한 가치관을 지닌 사람들, 다양한 지역, 때로는 외국에서 온 사람들과도 다채로운 관계를 맺을 수밖에 없습니다.

'사회적 관계'는 마음이 맞느냐 맞지 않느냐 하는 정서 공유보다는 역할을 분담하면서 협력해 성과를 올리는 것이 제일 중요합니다. 따라서 사회적 관계에서는 정서가 맞는 사람하고만 사귈 수 없습니다. 따라서 자기 안에 이질적인 것을 받아들이는 마음가짐이 반드시 필요합니다.

만약 '나와 비슷한' 동질성에만 의존해 친구를 사귀는 방식을 고집한다면, 갑자기 사회로 진출했을 때 혼란이 커질 수밖에 없습니다. 이질적인 것을 자기 안에 받아들이는 힘이 없다면, 관계를 유지하지 못하거나 이질적인 타자와 교류하는 기쁨도 맛볼 수 없습니다.

관계를 맺는 방법의 핵심은 이질성 또는 타자성을 서서히 의식하고, 그것을 통해 친근함을 느끼고 맛보도록 훈련해 가는 것입니다. 처음에는 어려울 수 있지만, 시간과 노력을 들여 연습하다 보면 익숙해질 것입니다.

인간관계를 위한
힘을 기르는 방법

정서 공유 관계에 의거한 친구라도 둘 사이의 정서 차이는 드러날 것입니다. 그것은 오히려 다른 형태로 정서를 공유하는 방법을 심화시키는 계기가 될 수 있기 때문에, 차이는 차이 그대로 인정해야 합니다. 조금만 달라도 "이크, 이 사람은 나와 다르네" 하고 관계를 위한 노력을 포기한다면 인간관계를 위한 힘은 길러

지지 않습니다. 이런 인내심이 없으면 인간관계는 순
조롭게 이어지지 못하고요.

우리 모두 다른 사람과 관계를 맺고 싶고, 유대감을
느끼고 싶다는 적극적인 마음도 있지만, 다른 한편으
로는 상처 입고 싶지 않다는 소극적인 마음도 있습니
다. 그것이 인간입니다.

그런데 젊은 세대일수록 상처 받기 쉬운 성격을 품
은 사람이 늘어나고 있는 듯합니다. 그야말로 '상처
받기 싫은 나'의 증가입니다.

'다른 사람과 이어지고 싶은 나'와 '상처 받기 싫은
나'는 얼핏 모순적인 자아의 모습인 것 같습니다. 도
대체 이런 자기 자신과 어떻게 마주하면 좋을까요?

기본적으로는 자신이 '신뢰할 수 있는 타자'라고 생
각하는 사람을 찾아내는 것이 제일 필요합니다. 그러
나 이때 신뢰할 수 있는 '나와 비슷한 사람'을 찾기보
다는 신뢰할 수 있는 '타자'를 찾으려는 감각이 중요

합니다.

　다시 말해, 타자를 신뢰할 수 있을지는 몰라도 타자이기 때문에 결코 자신을 온전하게 전부 받아줄 수는 없다는 것을 명확하게 이해해야 한다는 뜻입니다.

그 누구도
나를 온전하게
받아줄 수 없다

'자기를 100퍼센트 온전하게 전부 받아줄 수 있는 사람이 어딘가에 있을 것이다. 언젠가는 반드시 그 사람을 만날 수 있을 것이다.'

이런 생각은 단언컨대 환상입니다.

'자신을 온전하게 전부 받아줄 수 있는 친구'라는 개념이 환상에 불과하다는 냉정한 의식이 필요합니다.

그것은 결코 타자에게 불신을 갖는 것이 아닙니다. 이 책을 읽는 독자들은 이 점을 충분히 이해하겠지요.

가치관을 100퍼센트 공유할 수 있다면, 그것은 더 이상 타자가 아닙니다. 그것은 자기 자신이거나, 아니면 자신의 '분신'입니다. 다른 사람과 자기가 생각하는 것, 느끼는 것이 100퍼센트 일치한다고 여기는 것은 자신이 지어낸 환상입니다.

온전한 자세로 대하지 않는다면 어느 정도 이상으로 관계가 깊어지지도 않을 것이고, 교제하고 있다고는 해도 '어딘가 마음 한구석이 쓸쓸하다'고 느낄 것입니다.

지나친 기대는 삼가야 합니다. 사람은 아무리 친해져도 결국 타자라는 사실을 의식하면서 신뢰감을 형성해 나가는 것이 핵심입니다.

이것과 관련하여 최근 자신을 표현하는 것을 무척 두려워하는 사람이 많아지고 있다고 생각합니다.

사춘기는 다소 자기표현을 두려워하는 시기입니다. 왜냐하면 '100퍼센트 이해받고 싶다', 아니면 '자신의 진심을 온전히 다 전달하고 싶다'고 생각하기 때문입니다. 이것 역시 '자기를 100퍼센트 온전하게 이해해 줄 사람이 반드시 있을 것'이라는 환상을 무의식에 전제하고 있기 때문입니다.

'다른 사람은 어차피 타자이기 때문에 100퍼센트 온전하게 나를 이해할 수 없어. 그건 당연한 일이야.'

차라리 이렇게 생각하는 것이 마음이 편하겠지요. 이 점을 절망의 종착점이 아니라 희망의 출발점이라고 여기는 발상의 전환이 필요합니다.

연애야말로
환상을 갖기 쉽다

자기를 100퍼센트 온전하게 전부 받아줄 수 있는 사람이 어딘가에 있을 것이라는 환상은 특히 연애할 때 품기 쉬울지도 모릅니다. 하지만 실연할 때 결국에는 그렇지 않다는 것을 배우기도 합니다. 이런 과정을 통해 우리는 조금씩 어른이 되어가는 것이지요.

'자기를 통째로 전부 받아줄 수 있다'는 것을 '절대

수용'이라는 말로 표현합니다. 인간은 누구나 절대 수용을 추구하기 마련입니다.

이를테면 절대 수용은 여자아이에게 '백마 탄 왕자님' 같은 식으로 나타납니다. 자신의 모든 것을 받아주고, 아무리 제멋대로 굴어도 생긋생긋 웃어주는 왕자님은 이 세상에 없습니다. '그렇다면 난 연애하지 않겠어' 하는 것이 아니라 왕자님이 없다는 인식에서 출발해야 합니다. 그런 전제에서 사람을 좋아하기 시작하는 것이 중요합니다.

남자아이에게 절대 수용은 '포근한 엄마의 품' 같은 존재이겠지요. 어릴 적 엄마는 대체로 넓은 품으로 무슨 일이든 전부 받아주고, 자기를 최우선으로 배려해 주는 존재입니다. '이렇게 하고 싶다'고 생각하면 엄마가 언제나 미리미리 마련해 줍니다. 그러나 그런 것을 비슷한 또래의 이성에게 원하면 '마마보이'라는 밀로 거절당할 테니까 '2차원'의 세계로 도피해 버립니다.

애니메이션이나 게임에 나오는, 어리고 위협적이지 않으면서 모성적인 캐릭터를 보면서 남자아이들은 그 캐릭터가 자신의 이상형이라고 생각합니다. 하지만 현실 세계에는 그런 여자아이가 존재하지 않지요.

즉, 친구든 연인이든 자신을 온전하게 전부 받아줄 수는 없겠지만, 자신에 대해 제대로 이해하려고 노력하는 사람과 만나야 합니다. 이런 차원에서 우리는 타자를 추구하고, 타자와 제대로 만나고, 관계를 심화시켜야 할 것입니다. 이는 현실 세계에서 '삶의 묘미'를 깨닫기 위해 필요한 일입니다.

친구나 연인이라 해도 나를 완벽하게 받아들일 수 있는 사람은 없습니다. 이 사실을 인정하면서도, 나를 이해하려고 진심으로 노력하는 사람과 관계를 맺는 것이 중요합니다.

언어로
자신을
다시 형성하자

관계에 방해가 되는 언어

타자와 관계를 심화시킬 때 자신이 타자에 대해 '받아들이는 입장'을 취하는 것도 중요합니다. 받아들이는 입장이란 자기를 향한 상대의 말이나 행동에 자기 나름대로 성실하게 응답할 수 있는 태도를 말합니다.

그것은 결코 100퍼센트 상대에게 맞추는 것도 아니고, 100퍼센트 온전히 수용할 수 없다는 이유로 친밀함이 없다는 뜻도 아닙니다. 서로 다른 점은 다르다고 인정하는 것입니다. 그런 의미에서 가능한 한 다양한 사람의 말에 귀를 기울이며 받아들이려고 노력하는 일은 균형 있게 관계를 맺기 위한 좋은 훈련이 된다고 생각합니다.

그런데 독자 여러분, 특히 젊은 사람들이 평소에 아무 생각 없이 쓰는 말, 더구나 사용 빈도가 꽤 높은 말 중에는 자기도 모르는 사이에 소통을 저해하는 말이 있습니다.

제가 그런 말의 존재를 깨달은 것은 이런 기회를 통해서였습니다. 제 딸은 초등학교 3학년인가 4학년이 되었을 때 '빡친다'나 '열받아' 같은 말을 자주 입에 담았습니다. 그 무렵부터 친구들을 바라보는 시선이 삐딱해지고, 친구들의 단점을 보는 일이 많아지고, 가족과 주위 사람들에 대해 까칠한 태도가 두드러졌습니다. 그래서 그런 말을 쓰지 말라고 타일렀지요. 아이들이 사용하는 그런 말이 몇 개 있었는데, 저는 그 것을 '커뮤니케이션 저해 언어'라고 명명하고 특별히 관심을 기울이기 시작했습니다. 그 이유는 다음과 같 습니다.

십 대는 타자와 커뮤니케이션을 하는 방법을 배우 는 중요한 시기입니다. 우리는 타자인 상대와 언어를 주고받음으로써 정보 내용을 전달할 뿐만 아니라 마 음과 감정 같은 정서적인 교감도 나눕니다. 의사소통 의 과정에서는 자신이 상대를 바라보는 동시에 상대 도 자신을 바라봅니다. 타자의 시선을 받아들이면서 우리는 '지금 여기'에 존재하는 자신을 되돌아보고 반 성하는 방법을 배웁니다.

그러나 제가 '커뮤니케이션 저해 언어'라고 이름 붙 인 일련의 언어는 상대와 쌍방향으로 주고받는 시선 이 자기 자신 안에서 교차하는 것을 현저하게 저해할 위험성이 있습니다. 그런 말에는 자기가 상대를 바라보는 일방적인 시선만 존재할 뿐입니다. 즉 상대가 자기를 바라보는 시선을 회피하는 도구의 성격을 띠는 것이지요.

"이런 언어 사용을 일절 금지해야 한다"라고 주장하는 것이 아닙니다. 숱한 경험을 통해 대화의 상황이나 관계의 거리 감각 등을 분별할 수 있는 어른이 된다면, 때와 장소에 따라 반쯤 농담으로 이런 말을 사용할 수도 있겠지요.

하지만 십 대 청소년은 한창 타자와 커뮤니케이션을 나누는 방법을 배워야 하고, 상황에 따라 상대에게 어떠한 거리 감각을 적용해야 하는지를 익혀야 합니다. 그들에게 '커뮤니케이션 저해 언어'는 이질적인 타자와 오롯이 교류하는 것을 회피하는 도구가 됩니다. 이른바 '도피 아이템'이라는 기능을 지니는 것입니다. 이런 말을 빈번하게 사용한다면 그들은 알게 모르게 타자의 이질성을 향해 처음부터 등을 돌리는 성향을 획득할지도 모릅니다. 저는 바로 이러한 위험성을 지적하고 싶은 것입니다. 그 대표적인 말이 ``빡친다'와 '짜증 나'입니다.

1 | '빡친다'와 '짜증 나'

이 말은 요즘 청소년들 사이에 눈 깜짝할 사이에 정착해 버린 듯합니다. '빡친다'와 '짜증 나'는 어떤 성질을 지닌 언어일까요? 그것은 자기 안에 조금이라도 불쾌감이 느껴졌을 때 그 감정을 곧장 언어화할 수 있는 매우 편리한 언어적 도구입니다.

한마디로 조금이라도 이질적으로 느껴지거나 쓴맛이 난다는 느낌이 들 때 곧장 '불쾌감'을 표현함으로써 이질적인 것과 부딪치려는 의욕을 그 자리에서 차단해 버리는 언어입니다. 더구나 그것은 타자에 대한 공격의 언어로도 쓰입니다. 바꾸어 말하면 '마음에 들지 않고 싫다'는 느낌을 근거도 없이 감정 그대로 언어화하는 것입니다. 보통 '싫다'고 말할 때는 '이런 이유 때문에'라는 근거를 대야 하지만, '짜증 나'라는 한마디로 끝내버릴 수 있습니다. 이런 말은 이질적으로 느끼는 것에 대해 극단적인 거부를 즉각 표명할 수 있는 안이하고 편리한 언어적 도구입니다. 그러므로 다른 사람과 관계를 맺고 친분을 쌓으려고 할 때 이런 언어는 더욱 문제를 일으킬 소지가 많지요.

아무리 가까운 사이라도 타자와의 관계는 100퍼센트 순조롭게 흘러가지 않습니다. 관계를 구축하는 가운데 늘 이런저런 저해 요인이 발생합니다. 타자는 자기와 다른 이질적인 존재이기 때문입니다. 진심을 터놓고 이야기하면 서로 이해할 수 있는 일인데도 곧장 마음을 전하지 못할 때도 있습니다. 그 와중에 이러한 커뮤니케이션 저해 언어를 사용하면, 타자와 맺은 관계 안의 이질성을 받아들여 익숙해지기 위한 노력을 아예 포기하게 되는 것입니다.

결국 '짜증 나'나 '빡친다' 같은 말을 입으로면 이질성을 받아들인 형태의 친밀함과 친근함을 만들어 갈 가능성은 거의 사라지고 맙니다. 이렇게 해서는 커뮤니케이션 능력이 나아질 리 없지요. 그리고 행복을 쌓기 위해 필요한 소중한 것을 얻을 수 없습니다.

원래 유행어가 되기 이전에도 '열받는다'나 '뚜껑 열린다' 같은 말은 있었습니다. 하지만 일상생활에 그다지 자주 등장하지 않았지요. 왜냐하면 현재의 상황과 같이 금방 '열받는다'나 '뚜껑 열린다'고 표현할 수 있는 분위기가 허용되지 않았기 때문입니다. 지금은 분위기가 바뀌었습니다.

이런 말들이 빈번하게 쓰이기 이전에는 어땠을까요? 우리 세대도 오늘날의 청소년과 마찬가지로 열을 받거나 짜증 나는 감정을 당연히 느꼈겠지요. 그렇지만 그것을 사회적으로 표현하려면 그럴 만한 이유나 상대에 대해 거부감을 나타내도 좋다는 근거가 필요했습니다. 그런 말을 쉽게 입 밖에 낼 수 없다는 분위기가 자리 잡고 있었습니다.

그러던 것이 이제는 주관적인 심정을 아주 쉽게 발설해 버릴 만큼 사회적 규칙성이 느슨해졌다고 생각합니다. 옛날에는 객관적인 정당성이 없으면 그런 말을 해서는 안 된다는 암묵적인 동의가 있었기 때문에, 아무리 열받고 짜증이 나더라도 언어를 속으로 삼킴으로써 일종의 내성이 길러졌다고 봅니다.

다시 딸 이야기로 돌아가지요. 이런 말을 입에 담지 않기 시작하면서 다른 사람에 대한 딸아이의 태도는 눈에 띄게 변했습니다. 마음에 들지 않는 상황이나 자신을 온전히 긍정해 주지 않는 타자에 대한 내성이 어느 정도 길러졌던 것입니다. 그것은 단지 나이를 먹었기 때문이라든가 조금 이른스러워지는 자연 성장의 변화 때문만은 아닙니다. 딸아이의 내면에 확실히 어떤 변화가 일어났기 때문이라고 생각합니다.

친구들과의 커뮤니케이션을 심화시키고 깊은 맛을 느끼기 위해서라도, 자기의 내면에 내성을 단련시키기 위해서라도, '빡친다', '짜증 나' 같은 말은 사용하지 않도록 해야 합니다.

2 | '아니 그런데'

'빡친다'와 '짜증 나'에 비하면 커뮤니케이션을 저해하는 정도는 낮겠지만 '아니 그런데'라는 말도 문제가 있습니다.

이 말은 그때까지 상대가 한 이야기를 온전히 받아들이지 않고 화제를 바꿈으로써 표면적으로만 대화를 이어나가는 마법의 언어입니다.

친밀한 톤이나 리듬 같은 것이 느껴지지만, 곰곰이 들어보면 대화 내용이 전혀 이어지지 않습니다. 또한

처음부터 커뮤니케이션의 심화를 기대하지 않는다는
느낌도 듭니다. 이렇게 보면 이 말은 타자와 소통하는
기회를 자기 손으로 빼앗아 버리는 언어입니다.

3 | '개', '귀여워', '대박'

'개'라는 접두어와 '귀여워'라는 형용사가 있습니다.
'개'는 저도 때로 사용해서 학생들에게 웃음을 사는
데, very라는 뜻을 강조하기 편리합니다. '귀여워'는 특
히 여자아이가 긍정적인 의미로 무언가를 평가할 때 많
이 쓰는 말입니다. 최근에는 특히 장유유서를 무시하는
형태로 젊은 사람이 나이 든 사람을 붙잡고 귀엽다고
말하는 경우도 있습니다. 청소년 나름대로 '친근함'을
표현한 것이겠지요. 그러나 이 말을 들은 사람은 놀림
을 당한 것 같아 불쾌해하기도 합니다. 뜻하지 않은 세
대 차이가 발생하는 것이지요.

　물론 이 두 단어는 그 자체로 나쁜 말은 아닙니다. 하지만 제가 이것들을 커뮤니케이션 저해 언어에 집어넣은 까닭은 '개'나 '귀여워'를 연발함으로써 사물에 대한 섬세하고 미묘한 감수성을 어느새 빼앗길 염려가 있기 때문입니다. 이를테면 자기가 좋아하는 대상을 모조리 '귀여워'라는 말로 묘사해 버린다면, 대상 각각이 지니고 있는 특징의 미묘하고 미세한 차이를 느낄 수 없습니다. 그러면 알게 모르게 감각이 둔해지는 경향이 생겨납니다.

　또한 더욱 넓은 의미를 포괄하는 말로서 요즘 '대박'이라는 말이 유행합니다. 이것은 긍정적인 의미로도, 부정적인 의미로도 어쨌든 '정도가 심하다'는 것을 모조리 표현해 버리는 만능의 단어입니다. "이거 어때?"라는 질문에 "대박"이라는 대답만 돌아오면 무슨 뜻인지 알 수 없지요. 그 자리의 분위기나 상대의 표정으로 의미를 읽어내는 수밖에 없습니다.

4 | '콘셉트가 겹치다', '눈새'

또 하나 학생들의 대화를 들어보니 흥미로운 말이 있었습니다.

그것은 '콘셉트가 겹치다'라는 표현입니다. "저 애는 나와 콘셉트가 겹쳐서 곤란해"와 같은 말을 듣곤 합니다. '콘셉트'라는 말이 필요할 만큼 요즘 청소년들은 어떤 자리의 기대에 부응해 자신을 표현해야 하는 방식을 의식하는 것이겠지요.

'눈새'('눈치 없는 새끼'의 준말)라는 말도 가끔은 직접 듣거나 인터넷에서 보기도 합니다. 요즘 청소년들 사이에서는 그 자리의 분위기에 어울리는 행동이나 표현을 서로 강하게 요구하는 듯합니다. 분명 주위 사람의 상황이나 분위기를 무시하고 자기 위주로만 행동해서도 곤란하겠지만, 지나치게 신경을 쓰면서 주위 사람에게 자신을 맞추려고만 하면 인간관계로 인해 피곤해질 위험이 있습니다.

　이런 일은 남에게 어떻게 보일지를 너무 예민하게 의식한 나머지 자기 자신의 핵심, 즉 '나는 이런 사람이야' 하고 자신을 솔직하게 상대에게 보여주는 것을 지나치게 두려워하기 때문이 아닐까요. 이런 성향에 대해서는 좀 안타까운 마음이 듭니다.

　물론 위에서 설명한 커뮤니케이션 저해 언어의 예들은 소비 속도가 빨라 금세 낡은 말이 되어버릴지 모릅니다. 새로운 말이 낡은 말을 대체하면서 이런 말은 한때 유행했다가 사라지기를 반복하는 것이 다반사이니까요.

언어를 얻지 못하면
세계도 자신도
파악할 수 없다

이쯤에서 생각해 보고 싶은 것이 있습니다.

언어는 자신이 살아가는 세계에 그물을 던지고, 세계 속에서 자기 나름대로 '의미'를 건져 올림으로써 자신의 정서나 논리를 길러나가는 지적 도구입니다. 자신이 세상을 어떻게 바라보고 어떻게 느끼는가? 그것을 자기만의 고유한 언어로 건져 올리면 여러 가지를 얻을 수 있습니다.

그러나 좀 전에 다룬 커뮤니케이션 저해 언어는 인간의 정서나 논리를 길러나가기 위한 그물치고는 극심하게 조잡합니다.

인간의 '삶'이 지닌 가장 본질적인 핵심, 즉 '삶의 묘미'는 오감을 통해 세계를 맛보고 느끼는 것입니다. 그러나 그런 언어를 사용함으로써 의식하지 못하는 사이에 정서의 깊이가 천박한 것이 되어버리는 듯합니다.

커뮤니케이션을 둘러싼 불안감은 사실 공허한 언어 사용으로부터 생겨나는지도 모릅니다. 이런 언어가 일상적인 커뮤니케이션의 중심 언어가 된다면, 불안감은 점점 더 심화되겠지요.

이 불안감에서 벗어날 수 있는 손쉽고 간단하고 편한 길은 없습니다. 커다란 수고를 들여야 하지요. 그러기 위해서는, 삶의 묘미에 깊이를 더하는 언어를 조금씩 꾸준하게 자기 것으로 만들어 나가는 일이 우선 필요합니다. 그런 언어의 비축량을 늘려나가면 그때까지 막연했던 자신의 문제를 또렷한 윤곽으로 파악할 수 있습니다. 물론 그렇다고 해서 자기 안에 스멀스멀 올라오는 불안감이 한 번에 해소되지는 않겠지만, 자기가 살아가는 삶이 어떤 것인지 파악하는 실마리를 붙잡을 수는 있습니다.

그것은 자신이 무엇을 두려워하고, 무엇에 불안감을 느끼는지를 조금이나마 뚜렷이 인식할 수 있다는 뜻입니다. 사회학의 용어를 빌려오자면 '자기 대상화' 또는 '셀프 모니터링'의 힘을 획득하는 것이고, 그것을 통해 자신과 타인의 관계, 자신과 사회의 관계를 좀 더 또렷이 파악하는 능력을 갖추는 것입니다.

그리고 정서나 논리의 깊이를 더하는 언어를 늘리기 위한 방법으로는 역시 독서가 가장 빠른 길입니다.

209

독서는
대화 능력을
키워준다

직접적으로 시야에 들어오는 '활자'에 정신을 빼앗겨 잘 의식하지 못할 때가 많지만, 실은 책을 읽는 행위의 본질은 필자와 '대화'를 나누는 것입니다.

여러 분야에서 활발하게 발언하고 있는 교육학자 사이토 다카시齋藤孝는 독서의 훌륭한 점에 대해 이렇게 말합니다.

"《삼국사기》라도 좋고 신라의 〈향가〉라도 좋다. 천 년이나 이전에 살았던 인간, 그것도 역사를 대표하는 지성과 감성을 갖춘 위대한 인물과 대화할 수 있기 때 문이다."

이를테면 도스토옙스키, 톨스토이의 작품을 읽는 것은 직접적으로는 결코 커뮤니케이션을 나눌 수 없 는 인물들과 100년도 넘는 시간적 거리와 다른 나라라 는 공간적 거리를 뛰어넘어 대화를 나누는 일입니다.

언제나 그런 것은 아니지만, 눈으로 활자를 좇다 보 면 지은이의 목소리가 들려오는 느낌을 받을 때가 있 습니다. 저 또한 실제로 그런 느낌을 받은 적이 있습 니다.

저는 약 100년 전 독일에서 활약한 사회학자 게오 르크 지멜Georg Simmel을 전문적으로 연구해 몇 년 전 《지멜·관계의 철학シンメル·つながりの哲学》이라는 책을 써 냈습니다. 이 작업에 몰두하면서 실로 100년 전 독일

에서 살았던 지멜이라는 인간과 "이거 어때요? 어떻게 생각해요?" 하고 실감 나게 대화를 나누었습니다. 물론 이런 상태까지 빠져들려면 상당한 집중력이 필요합니다. 하지만 어느 정도 진지하게 귀를 기울이려고 노력한다면, '지금 여기'에 존재하지 않는 필자와 직접 대화를 하는 것 같은 감각을 맛볼 수 있습니다.

여러분이라면 진심으로 좋아하는 소설가, 시인, 역사적인 인물이 대화의 대상이 되겠지요. 책의 세계에 깊이 빨려 들어가면 글자를 통해 글쓴이나 등장인물의 육성이 들려오는 것 같은 감각, 쌍방향의 커뮤니케이션으로 흘러가는 감각이 느껴질 때가 있습니다.

물론 책을 읽는다고 언제나 그런 것은 아닙니다. 저는 《지멜·관계의 철학》을 쓸 때는 '지멜이라면 오늘날의 일본을 어떻게 생각할까?' 하는 질문을 끊임없이 떠올리면서 집필했고, 그렇기 때문에 어쩐지 지멜이 시간 여행을 통해 내가 사는 시대로 왔다고 느끼기도 했습니다. 오늘날의 일본을 바라보면서 언제나 내 곁에서 이야기를 해주는 것 같았지요. 커뮤니케이션의 본질은 이런 것이 아닐까 합니다.

괴로움을 통해
얻을 수 있는 것

구체적인 인간관계에서도 막연하게 언어를 주고받기만 해서는 별로 도움이 안 됩니다. 조금만 마음이 불편해지면 곧장 그 자리를 포기해 버리는 언어가 튀어나오고, 자신의 감각적인 리듬에 맞거나 기분이 좋다는 것만으로 친밀함을 확인한다면, 진정한 의미의 관계는 깊어지지 않습니다. 요리에 비유하자면 '쌉쌀한

맛'은 모두 배제하고 오로지 단맛의 요리만 추구하는 것과 마찬가지입니다.

기분이나 리듬만으로 확인한 친밀함에는 깊이도 없고 묘미도 없습니다. 친구가 많은데도 외롭다든가, 언제 배신당할지 모른다든가, 조금만 취향이 다르다거나 하면 멀어지는 등, 그런 식의 친밀함으로는 불안정하고 얄팍한 관계밖에 구축할 수 없습니다.

독서의 좋은 점은 첫째, 지금 여기에 없는 사람과 대화를 나누고 정서의 깊이를 더해갈 수 있다는 점입니다.

둘째, 반복해서 책을 읽음으로써 스스로 납득할 때까지 시간을 들여 이해를 심화시킬 수 있다는 것입니다(실제 대화에서는 "응? 지금 뭐라고 했어? 다시 한번 말해봐"하면서 몇 번이나 요청할 수는 없지요).

셋째, 많은 책을 읽는다는 것은 많은 사람이 말을 걸어준다는 뜻이기 때문에 소설이든 평론이든 '아, 이

런 생각도 있구나', '과연, 그렇게 느낄 수도 있겠구
나' 하고 새로운 발견을 받아들일 수 있다는 것입니
다. 실제의 인간관계에서는 그만큼 많은 캐릭터의 인
간과 커뮤니케이션을 나누면 '사람에게 멀미를 일으
키는 일'도 일어납니다.

　그러나 책을 읽으면 작가든 등장인물이든 여러 성
격의 인간과 비교적 마음 편하게 대화할 수 있습니다.
그 결과 서서히 자신의 감각이나 사고방식을 변화시
킬 수 있는 것입니다.

　그런 체험을 쌓아나가는 일은 힘과 노력이 들기도
하지만, 익숙해지면 아주 즐거운 작업이 됩니다.

모든 즐거움에는
수고로움이 필요하다

'즐거워도 즐겁지 않다'는 말을 설명하기 위해 '편하다'와 '즐겁다'라는 두 단어를 대비해 보겠습니다.

일본어의 '편하다(楽)'와 '즐겁다(楽しい)'는 같은 한자를 사용합니다. 이 두 가지가 의미하는 바는 일치할 때도 있지만 반드시 꼭 일치하는 것은 아닙니다.

편하게 얻어지는 즐거움은 대수롭지 않아 시시하

고, 비로소 괴로운 일을 통해 얻어지는 즐거움이야말로 생생하고 커다랄 때가 있습니다.

괴로운 일이라고는 했지만 그렇게 대단한 고통일 필요는 없습니다.

저는 아오모리青森현 히로사키弘前시에 산 적이 있습니다. 히로사키 공원은 벚꽃으로 유명하기 때문에 가장 아름다운 벚꽃을 보고 싶다고 생각했지요. 그런데 밤에는 꽃구경 파티를 열어 어수선하고, 낮에는 사람이 북적거렸습니다. 벚꽃 자체의 아름다움을 고요하게 감상하고 싶지만 그럴 수 없었지요. 그래서 단단히 각오하고 새벽 다섯 시에 벚꽃을 구경하기로 했습니다.

저는 늦게 자고 늦게 일어나는 올빼미형 인간이기 때문에 새벽 일찍 일어나는 일이 힘들었지만, 그 날만큼은 굳게 결심한 결과 새벽같이 일어날 수 있었습니다. 졸린 눈을 비비며 공원에 가보니 깨끗하고 맑은 공기와 적막함 가운데 왕벚나무가 꽃봉오리를 활짝

펼치며 공중으로 떠오르는 듯한 모습이 말할 수 없이 장엄하고 아름다웠습니다. 조용한 가운데 오붓하게 벚꽃을 보자고 마음먹고, 편안함 대신 새벽에 일어나는 수고를 해보니 '과연 이렇게 잊지 못할 체험이 기다리고 있구나!' 하는 생각이 들었습니다.

'약간 수고를 해보는 것'을 통해 진정한 즐거움, 생의 묘미를 맛보는 경험은 무척 소중하지 않을까요. 편안함만 추구하면서 얻는 즐거움에는 아무래도 금방 한계나 싫증이 찾아옵니다. 하지만 어느 정도 무리하더라도 노력해서 얻는 즐거움은 그 마음이 오래 지속되면서, 다음에 다시 노력할 수 있는 에너지를 선사합니다.

그렇다고 견디기 힘든 고통만 있다면 지쳐서 쓰러지겠지요. 어느 정도의 노력, 어느 정도의 수고가 진정한 즐거움을 맛보는 계기와 힘을 주는가에 대해 청소년에게 도움말을 들려주기도 하고 스스로 모범을

보이기도 하는 것이 이른바 '어른'이 맡아야 할 사회
적 역할이라고 생각합니다.

　이것은 인간관계에도 적용할 수 있습니다. 타자를
두려워하는 감각이나 자신을 표현하는 두려움을 극복
하고, 조금 수고를 들이더라도 다른 사람과 꾸준히 부
딪치면서 서로의 이해를 심화시켜야 합니다. 그렇게
해야 '이 사람과 만나다니 운이 좋았어' 하는 생각을
갖고 타자와 유대를 맺어나갈 수 있습니다.

타인을 두려워하거나 자신을 드러내기 망설이는 마음을 넘어, 노력이 들더라도 계속해서 사람들과 부딪치고 소통해야 합니다. 그런 과정을 통해서로 이해가 더 깊어지고 비로소 관계의 유대가 형성됩니다.

에필로그

'친구라는 환상'을
넘어서

'친구를 사귀려고 하는 것은 결국 환상에 지나지 않아. 다 쓸데없어.'

이제까지 이 책을 읽은 독자들은 이해하리라고 생각하는데, 저는 이렇게 찬바람이 부는 허무한 주장을 하려고 한 것이 아닙니다. '친구'라는 말이 상징하는 가까운 사람들과 친밀해지고 정서를 공유하면서 깊이 있게 '삶의 묘미'를 맛보기 위해서는 기존의 상식을 좀 의심스럽게 보고, 사람과 사람 사이의 거리 감각에 대해 약간 민감해져야 하지 않을까 하는 이야기를 한 것입니다.

'친구라는 환상'은 사실 제 자신이 이제까지 무의식 중에 품어왔던 생각입니다. 저에게도 현재 진행형의 문제인 것이죠. 저는 환상에 거리를 두고, 현실 속에서 타자와 부딪치면서 심도 있게 '삶의 묘미'를 맛보고 싶었습니다. 이를 위한 처방전 같은 말을 여러분과 함께 살펴보고 싶다는 마음이 이 책의 출발점입니다.

이 책을 써나가는 가운데 이제껏 관계를 맺어온 많은 사람의 얼굴이 떠올랐습니다. 지역 조사를 하러 나갔을 때 직장이나 집안일에 대해 이야기를 들려준 현지의 주민들, 강의와 연구실에서 마음을 터놓고 대화를 나누던 세미나 침어 학생 및 제자들, 학교에서 일어나는 사건을 구체적으로 들려준 초중학교의 교사들

등등.

　여러 현장에서 만난 사람들이 공통으로 떠안은 문제는 타자와 어떻게 관계를 맺을까 하는 것이었습니다. 어떤 사람들은 아주 절묘한 거리 감각을 갖고 타자와 능숙하게 교제하고 있었지만, 어떤 이들은 친밀한 관계에 있는 타자들로 인해 고민하고 있었습니다. 많은 사람과 나눈 구체적인 대화를 바탕으로 사람과 사람 사이의 '관계'에 대해 논리를 세워 고찰한 결과물이 이 책입니다. 숱한 도움을 준 여러분에게 감사드립니다.

　마지막으로 열의를 갖고 출간을 권해주고 능숙하게 작업을 맡아준 출판사와 편집자 덕분에 아주 즐겁게 일할 수 있었습니다. 감사합니다.

옮긴이 **김경원**

서울대학교 인문대학 국문학과를 졸업하고 동 대학원에서 박사학위를 받았다. 일본 훗카이도대학 객원 연구원을 지냈으며, 인하대 한국학연구소와 한양대 비교역사연구소에서 전임 연구원을 역임했다. 서울대, 강원대 등 여러 대학과 이화여대 통번역대학원에서 강의했다. 문학평론가로도 활동했고, 현재는 한겨레교육문화센터에서 강의하고 있다. 저서로는 《국어 실력이 밥 먹여준다》(공저)가 있고, 역서로는 《문학가라는 병》, 《어떤 글이 살아남는가》 등이 있다.

친구라는 환상

초판 1쇄 인쇄 2026년 2월 10일
초판 1쇄 발행 2026년 2월 20일

지은이 간노 히토시
옮긴이 김경원

책임편집 이정
디자인 강경신
책임마케팅 최혜령, 박지수, 도우리, 양지환, 송지은, 박주미
마케팅 콘텐츠IP사업본부
해외사업 한승빈, 박고은
경영지원 백선희, 권영환, 이기경, 최민선, 강아현
제작 재영P&B

펴낸이 서현동
펴낸곳 ㈜오팬하우스
출판등록 2024년 5월 16일 제2024-000141호
주소 서울특별시 강남구 테헤란로 419, 11층(삼성동, 강남파이낸스플라자)
이메일 info@ofh.co.kr

ⓒ산노 히토시
ISBN 979-11-7577-150-5 (43330)